踏み出せば何かが変わる

Daisuke Miura

三浦大輔

青志社

まえがき

早いもので、現役を引退して1年が経過した。横浜一筋25年、本当に幸せなプロ野球人生だった。「これから、どうするべきか、何がしたいのか?」を考えたとき、真っ先に浮かんだのは、自分の知らない世界を勉強してみたいということだった。

横浜一筋だったから、自分は他球団のことをよく知らない。キャンプでどんな練習をしているのか、経営スタッフはどういったファンサービスを仕掛けているのか、そして、メジャーリーグの調整法、経営システム、戦力補強における考え方なども勉強してみたいと思った。アマチュア野球界にも興味があった。高校野球、社会人野球チームではどんな点に重点を置いて指導が行われているのか、詳しく見てみたい。

また、野球以外の世界で活躍されている人たちともいろいろな話をし、見聞を広げたいと考えていた。

横浜ＤｅＮＡベイスターズからは、球団スペシャルアドバイザーの肩書をいただいた。子供たちへの野球振興、スポーツを通じての地元神奈川県横浜市の地域振興、海外や他競技の視察・研究が主な活動で、これまで応援してくださったファンの皆様への恩返しや、野球の面白さ、楽しさ、難しさも伝えていきたいと思い、お引き受けした。

これまで知らなかった世界を体験することは、本当に勉強になった。異業種の人たちやそれぞれの分野で活躍されている人の話を聞くと、才能だけではなく、相当な努力もされていて、ひたむきさと自己プロデュースにも長けていた。

自分は指導者として、いつかまたユニフォームを着て横浜スタジアムに帰りたい。そのための勉強であるし、またテレビ、ラジオ、新聞の解説者として、ベイスターズと後輩たちを客観的に見ることともした。２０１７年、横浜ＤｅＮＡベイスターズがクライマックスシリーズ・ファイナルステージでリーグ覇者の広島東洋カープを破り、19年ぶりの日本シリーズ進出を果たした。日本一を争う緊張感も経験し、自信にもつながったと思う。アレックス・ラミレス監督を胴上げし、その後のビールかけも味わい、何よりも勝つ喜びを知ったはずだ。しかし、ここで満足してほしくない。忘れてはならないのは、ペナントレースは3位であり、首位・広島東洋カープには14・５ゲームもの大差をつけられている。この現実を受け止め、もっと「上」をめざしてほしい。そのためにはどうすればいいのか、と考えないといけない。

小学校訪問の授業でこう話したことがある。

「練習は嫌いだよ。やらなくていいと言われたら、正直やりたくない。だって、しんどいから」見ると子供たちはウンウンと頷いている。

ここで終わらせたら、ただの愚痴で終わってしまう。必ず、こう付け加えている。

「練習をしないでプロ野球選手になった人はいないし、一流選手になれた人もいないし、練習しないで勝ったチームもありません。自分がもっとうまくなりたい、強くなりたいと思ったら、しんどくても練習するしかない。試合で負けて悔しい、次は絶対に勝ちたいと思うんだったら、どうするか？　練習するしかないだろう」

練習しても、なかなか結果に結びつかないときだってある。どうすればいいのか……。努力の仕方が間違っていないかどうかを考え直さなければならない。これから始めること、変えようとすることが本当に正しいのかどうか、分からないときもある。

迷っているならば、まずは一歩目を踏み出してみろと言いたい。踏み出してから分かるもののほうが多い。自分に合うもの、合わないものがあったとしても、それは経験としてのちに生きてくる。合わないからといって捨てるのではなく、「こういう方法もあるんだ」と自分のなかに仕舞っておく。いろいろな方法を知っていれば、次に迷ったときに開ける引き出しにもなるからだ。引き出しはたくさんあったほうがいい。

そういう自分も、指導者になる目標を叶えるため、もっと引き出しを増やしたいと思っている。そして、「新しい武器」を持って、ベイスターズに帰りたい。高校野球のシートノックひとつとっても、それぞれの学校に工夫があった。また、異業種の人たちと話をしても発見することが多かった。

ものの捉え方や着眼点を変えるだけで別の景色が見えてくることもある。引き出しを増やすヒントはいろいろなところに転がっている。自分の経験していない世界の考えを聞くのは、大きな財産となった。

1998年の優勝、日本一を除けば、そのあと、ベイスターズは長い低迷期にあった。その間、投打の主力選手は新天地を求め、他球団へ行ってしまった。

監督は2年ほどで次々と交代し、補強やファンサービスの在り方を巡って、現場とフロントが衝突した時期もあった。そうしたギスギスした空気はやがて選手の闘争心を奪い、ファンにも見透かされてしまった。

いま、こうした辛い時期を知らない若い選手たちの時代になったが、「辛い時期も応援してくださったファンのためにも勝たなければならない」という思いの遺伝子は、つないでいかないといけない。

「リーグ優勝、日本一」は遠い夢ではなく、実現可能な目標に変わった。

過去は変えられないが、未来はいくらでも変えられる。「踏み出すことですべてを変えることが出来るのだから！」

横浜とベイスターズの輝かしい未来の景色を一緒に想像しよう。

２０１７年12月　三浦大輔

踏み出せば何かが変わる

目次

第三章 分水嶺
1998年の日本一を越えて

第四章 横浜愛 2013年1月14日の決意

第五章 継承と革新 ２０１８年春へ

特別対談 三浦大輔、筒香嘉智に訊く！

装　丁
岩瀬聡

第一章

視野

2017年CS・日本シリーズ

1　運命を分けた二つの降雨

まず、とんでもないドラマを生んだクライマックスシリーズのファーストステージから始めてみよう――。

２０１７年、ベイスターズがクライマックスシリーズを勝ち上がった勝因を挙げるとすれば、自分はファイナルステージ第一戦の試合後にあったと思う。

最後まで選手を信じて使い続けたラミレス監督の采配や、第四戦で先発投手の今永昇太をリリーフ登板させた投手継投など、自軍に勝機を引き寄せたポイントもたくさんある。それでもあえて、なぜ第一戦の試合後を挙げるかというと、ベイスターズが一丸となった光景が見られたからだ。

10月18日に行われたそのクライマックスシリーズ・ファイナルステージは、冷たい秋の雨が降りしきるなかで始まった。足元がぬかるんでいて、大事な初戦の先発マウンドを託された石田健大は投げにくそうにしていた。広島先発の薮田和樹投手も足元を気にしていたが、この日は明け方から雨が降っており、通常のペナントレースだったら、間違いなく中止になっていたはずだ。

こういう状況下での試合となると、降雨コールドゲームが宣告されることも頭のなかをよぎる。野手陣は「コールドゲーム宣告で勝敗が成立する5回までに、先に点を取って」と考え、先発の石田も「先取点だけは奪われたくない」と思うものだ。

試合が動いたのは雨が強くなった5回裏だった。石田が先頭打者を四球で歩かせ、二死満塁から連続タイムリーヒットを浴び、マツダスタジアムのスコアボードに「3点」が刻まれた。その広島打線が3点を奪った5回裏の攻撃が終了するのと同時に、審判団が「中断」を告げた。雨は一向におさまる気配がない。

マツダスタジアムのスタンドを埋めつくしたファンは冷たい秋の雨に濡れていたが、誰一人として席を立とうとしない。このまま降雨コールドゲームの勝ちが宣告されるのを祈っていた広島ファンもいたのかもしれない。一方、ベイスターズのファンは試合再開を祈るような思いで鉛色の雨雲を見上げていた。雨脚が強くなっている。

試合再開を願っていたベイスターズナインは無口になっていく。苛立った気持ちも抑えていたはずだ。ラミレス監督も表情をこわばらせ、雨に濡れた内野フィールドの芝を見つめていた。

約40分間の中断を挟んで、「降雨コールドゲーム」が宣告された。

スタンドを真っ赤に染めていた地元広島のファンが声を上げて喜んだ。しかし、その一角では青いユニフォームを着たベイスターズのファンもいた。

横浜からわざわざ駆けつけてくれたファンも少なくなかったと聞いている。彼らは「えっ〜⁉」と、嘆きの声を上げた。ファーストステージではもっと激しい雨のなかでも、ゲームセットまで試合が行われたのを見てきたからだろう。10月15日に降雨のなか甲子園球場で行われた一戦は凄まじかった。厳しい内角球を避けた筒香嘉智は足元が滑って、そのまま尻もちをついてしまったほどだ。

「まるで田んぼのなかで試合をしているような……」

両軍がドロだらけになった。その最悪のコンディションのなかでベイスターズは逆転勝ちし、勢いを掴んだ。それだけに、降雨コールドゲームの宣告に、選手もファンも強い憤りを感じていた。

しかし、甲子園球場とマツダスタジアムとでは球場の状況が異なる。審判団でこれ以上の試合続行は無理と判断した以上、ラミレス監督も引き下がるしかなかった。

ベイスターズナインはそれでも納得がいかなかった。チームスタッフが控え室に入るのを躊躇《ため》ったほどだという。すると、チームキャプテンの筒香が立ち上がった。選手全員を集合させ、こう喝を入れた。

「この怒りは試合にぶつけるべきだ！」

コールドゲームを宣告した審判団を非難する言動も叱った。みんな、黙って筒香のほうを見ていた。「勝つ」。次の試合に集中し、一つ一つ積み上げていくしかないのだ。

宣告によって、この日の試合は〝過去〟のものになった。もはやどうすることも出来ない。どうすることも出来ないことにこだわり、不満を口にするのは愚かなことだ。

「もし、あのまま試合を続行していたら」という不満は尾を引き、精神的にマイナスに作用する。審判団の決定に納得しがたいのであれば、その怒りを次の試合にぶつけ、プラスに転じてこそ意味を持つ。

終わったことを引きずるのは、敗者の愚痴になってしまうことを、冷静な筒香は分かっていたのだろう。ペナントレースを優勝した広島にはアドバンテージの1勝分もあり、これで2勝したことになるが、筒香の喝で悲観的になった選手は誰もいなかったはずだ。

筒香が主将となって、3年目である。チームを鼓舞させることの出来る、真のリーダーになった瞬間でもある。

この光景をコーチらと遠巻きに見ていたラミレス監督も「広島に勝てる」と確信したのではないだろうか。筒香はチームの精神的主軸でもある。これがファーストステージから打撃不振だった筒香を4番で使い続けた理由であり、先発の今永や濵口遥大が中継ぎ登板したときの好投にもつながった。

2　真のリーダーが生まれた

ベイスターズが優勝、日本一を決めた1998年には、チームをまとめてくれるリーダーがいた。たとえば、キャッチャーの谷繁元信さんは守備の要の司令塔であると同時に、野手陣と投手陣のパイプ役にもなってくれていた。まだ若かった自分はその配球やサインの意味が分からないでいると厳しく叱咤されたが、野球を離れると、とてもおだやかな人で、大人だった。「勝ちたい」という意志を強く持っていて、98年の投手陣のまさに牽引役だった。

そういう自分もチーム最年長となってからは技術的な面も含め、「どうすればいいんですか」と若手に相談を持ちかけられることもあったが、体つきや筋肉量や年齢も違うわけだから、「俺はこういうふうにしたけど」と、参考例としてのアドバイスを送ってきた。

野球に限らず、「こうしろ」と若手に押しつけるのは簡単だ。年長者としてはそうしたくもなる。だが、それでは若手にとってプラスにはならない。ノット・オーバーティーチング――「教えすぎない」ということが大事だ。参考例を話し、ヒントを与え、若手が自分で答えを見つけてこそ、血肉になっていくと思うからだ。

筒香の「勝ちたい」という思いの強さがチームを立ち上がらせたのだろう。キャプテンに指名されるまでの筒香は、「いえ、自分なんか……」と二歩も三歩も下がって、人前にも出ようとはしなかった。

「自分の好きなようにやれ。なんかあったら、助けてやるから」

キャプテン就任当初、彼にそんな助言をした。

チーム全体に目を配らせ、いろいろと気苦労も多かったと思うが、誰の指示でもなく、筒香自らが立ち上がったのは彼自身の成長であり、98年と同じように、「勝ちたい」との思いが浸透したからだろう。

第2戦、第3戦とチームは連勝した。その後は2日間続けて雨天中止となったが、喝を入れた筒香だけは3試合でヒット1本と出遅れてしまった。

その雨天中止の間、取材陣の容赦ない質問も浴びせられたが「今さら、何日空いたところで関係ない」筒香は気丈にもそう答え、黙々と打撃練習を続けていた。4番の重圧もあっただろう。改めて昨季のデータを調べてみたら、筒香はファイナルステージで打率6分3厘、本塁打ゼロと大不振だった。

「この俺が打って、日本シリーズに行くんだ」その思いは強かったはずだろうが、「個人じゃなくて、全員の力で勝てるようにしたい」と言い続けた筒香は立派だった。チームを一つにまとめるのは、なかなか難しい。まして、自分よりも年上のいるチームに〝喝〟を入れるのは勇気のいることだ。しかし筒香はそれを実行した。筒香を中心に一丸となったこと、降雨コールドゲームのあと、ベイスターズは真の戦う集団に変わったのだ。

日本シリーズに進んでからも、筒香のフォア・ザ・チームの姿勢は光った。第4戦、筒香にようやく一発が出た。主砲が打つとチームは勢いづく。その定理に間違いはないのだが、試合後の筒香のコメントは興味深いものだった。

「全員で勝ち取った勝利だと思う。全員でつないで、つないで点を取った。本塁打より嬉しいです」

逆転の2ランホームランだった。筒香が両手を上げてホームインし、選手全員が手を叩いて喜んでいた。主砲として、チームリーダーとして、責任を背負いながら前を向いてきた。選手全員を集めて喝を入れるのも勇気のいる行動だ。その一歩を踏み出した筒香の勇気がチームを変えたのだといえる。

筒香の自分よりもチームのことを優先した行動は他にもあった。筒香は相手チームの徹底的なマークに合ったため、打撃フォームを変えている。クライマックスシリーズ・ファイナルステージ第4戦、筒香の右足が「摺り足」に近いものに変わっていた。少なくとも、第3戦までは右足をもう少し高く上げていた。

バットに当てる確率性を高めるための対策だが、ここ大一番の真っ最中に打撃フォームを変えるのは、本当に勇気がいる。まして、今の打撃フォームは前年オフから取り組んできたものでようやく形になったものであり、失敗すれば、今シーズンのすべても台無しにしてしまう。もっとも、プロ野球選手は「変えること」に抵抗感は持っていない。

たとえば本塁打30本を放ったシーズンがあるとする。同じことをして、同じ打撃フォームで次のシーズンに臨んだとしても30本を打てるとは限らないのだ。まして、対戦チームもこちらを研究してくる。

変えることで、もっとたくさんの本塁打を打てるとしたら、だれも躊躇わない。バッターに限らず、ピッチャーもどこかしら、何かを小さく変えており、こうしたマイナーチェンジを繰り返している。だが短期決戦の真っ只中に変えるのはリスクをともなうが、筒香は結果を出すために踏み出すことを躊躇わなかったと見るべきだろう。

クライマックスシリーズ広島での試合中止の2日間、黙々とバットを振っていた。打撃不振を抜け出すためにやみくもにバットを振っていたのではなく、自らに責務を課していたのである。この姿にベイスターズナインが奮起しないはずがない。

「これでいいのか?」という〝迷い〟は劣勢のときに生じる。

劣勢にある状況を変えるものは、自分の力しかない。今までやってきたもの、積み重ねてきたものを信じて臨むしかないのだ。筒香は打撃フォームを変えたが、絶対に変えなかったものがあった。「チームが勝つためにはどうすればいいか」を常に考える姿勢だ。この気持ちがブレなかったから、自ら打撃フォームの改造に着手したのだ。大切なのは信じる力である。マジメに取り組んでいれば土俵際に追い込まれたときも自分を信じることが出来るのだ。自分たちは、信念にどこまで愚直でいられるだろうか。筒香の真摯な姿に、そのことを考えさせられた。

「ファンの皆さんが1年間声援を送ってくれた。日本一になって恩返しがしたい」

ソフトバンクとの日本シリーズ第5戦に勝利したあと、筒香はヒーローインタビューでそう答えた。最高峰の舞台まで引き上げてくださったファンの声援に応えたいとする気持ちだろう。

ファンの声援は何よりも励みになる。

3　ベイスターズナインに告ぐ

２０１７年のファンの熱気は、１９９８年にも勝るとも劣らないものがある。マツダスタジアムにもマリンブルーのユニフォームを着た集団が陣取っていたように、セ・リーグ優勝を決めた98年10月8日も地元横浜のファン約６００人がバス６台、新幹線に分かれて甲子園球場に駆けつけてくれた。

また、この日の横浜スタジアムは午前9時に急きょ、無料開放を決めた。甲子園に行くことの出来なかったファン、地元の応援してくださる関係者の方々をスタンドに入れ、オーロラビジョンに甲子園での一戦が映し出された。

横浜スタジアムで中継を見ていたファンの熱気も凄かった。ＪＲ関内駅周辺を往来する人も煌々と照らされた横浜スタジアムの照明を見て、「あれ、今日は甲子園で試合をやっているはずだが？」と足を止めてくださったそうだ。

スタンドにはトータルで約２万人が集まり、本当にその場で試合が行われているような盛り上がりようだったという。

また、横浜駅前の横浜高島屋入り口にも１７０インチの大画面を載せたトラックが置かれた。午後6時の試合開始前から黒山の人だかりが出来、商店街が一体となってチームを盛り上げてくださった伊勢佐木町モールでも液晶ビジョンテレビとくす玉が用意されていたそうだ。街全体で、地域で応援してくださる。横浜の街と人々にはそんな一体感があり、シーズン中、それにどれだけチームが励まされたことか……。

横浜駅東口地下街・ポルタに設けられた「ハマの大魔神社」を覚えているだろうか。この年の「ハマの大魔神」こと、クローザーの佐々木主浩さんにちなんで作られた神社である。ベイスターズの優勝を祈願し、御神体は佐々木さんが決め球としていたフォークボールの握りをかたどったものが納められた。この年、佐々木さんは51試合に登板し、45セーブも挙げている。「佐々木さんにつなげ」「佐々木さんにつなげば勝てる」がチームの合い言葉になっていて、三振の山を築き上げていくピッチングは、まさに守護神だった。その守護神に優勝祈願をする多くのファンが立ち寄ってくれた。神社なので賽銭箱も置かれた。地元社会福祉協議会への寄付をうたったもので、球団は「多くて、100万円」くらいと見込んでいたが、翌年1月の撤去と同時に計算してみたら、約1660万円にもなっていた。

こうした熱いファンの思いに応え続けなければならなかったが、自分たちは98年の勢いを持続させることが出来なかった——。

そして、今ようやく筒香たちの新しいベイスターズによって、横浜のファンを日本シリーズのステージに導くことが出来た。19年ぶりである。

日本シリーズでも健闘した若いベイスターズナインとベテランの力は本物だ。斬り込み隊長の1番を任されてきた桑原将志、来日5年目のロペス、首位打者のタイトルを獲得した宮﨑敏郎、捕手では戸柱恭孝、嶺井博希、髙城俊人。投手陣も頑張った。今永昇太、石田健大、三嶋一輝、須田幸太、濵口遥大、ウィーランド、中継ぎで踏ん張った三上朋也、砂田毅樹、田中健二朗、パットン、エスコバー。シリーズ初戦の大事なマウンドを任された井納翔一なども悔しい思いをしていたと思う。

桑原は1番に定着し、チームを牽引してきた。プレーオフでその力が発揮出来なかったのは相手チームの警戒もあったと思う。18年シーズンはもっと警戒される。それをはね除けてくれたら、チーム得点力はもっと高まる。

井納は「宇宙人」というニックネームがある。粘り強いピッチングは異次元で、重圧を気にしない強い精神力を持っている。遊撃手の倉本寿彦は、マジメな性格だ。現役時代、ロッカーが近かったのでこちらから話しかけたが、あまり返してくれない。

「ひょっとして、俺だけ喋ってくれないのか？」

Congratulations !

2017-10-24

横浜DeNAベイスターズ･･･

CLIMAX SERIES･･

CHAMPIONS･･

おめでとう!!

ヨ･ロ･シ･ク!!

そう心配したこともあったが、同世代の選手といても、聞き役に徹している。自己主張するタイプではないが、グラウンドでは大いにアピールしてくれた。グラウンドとロッカールームで違う表情を見せる選手がもう一人いる。梶谷隆幸だ。見た目で「コワイ」と誤解されやすいが、ロッカールームでは愛くるしい笑顔を見せる。グラウンドとは対照的で、それだけ野球に集中しているからだろう。

ヤスこと山﨑康晃はルーキーイヤーからクローザーの重責を担ってきた。当時から「肝っ玉の大きいヤツ」と思っていた。常にプレッシャーと戦ってきただろうが、マウンドでは堂々としていて周囲にそれを感じさせない。

「たいしたもんだなあ……」

ヤスが9回の最後を締めて帰ってくると、みんながそう口にする。

アジアチャンピオンシップでも、彼は侍ジャパンのクローザーを任されたが、マウンドに上がるのと同時に球場全体の空気が変わった。凄いと思った。ハマの守護神から「ジャパンのクローザー」に飛躍した。

キャッチャーの髙城俊人とはバッテリーを組むことも多かったので直接話をする機会も多かった。ルーキーイヤーに一軍のマスクをかぶり、自信になった部分もあったと思う。その後は出場機会に恵まれなかったが、腐らずに一生懸命勉強を続け、他のピッチャー陣からも一目置かれるようになった。ピッチャーの特徴を掴むのがうまいと思う。バッテリーを組んでいたとき、こちらが投げたいと思っていた球種を、絶妙なタイミングで出してくれる。試合前、打ち合わせでいろいろと配球の話もしたが、高城と話をしていると、ついクルマの話題になってしまう。

「あのクルマが……。あの車種のタイヤのホイールが……」

自分も嫌いではないので、つい夢中になってしまう。バッテリーにとって、お互いを知るのは大事なことだ。趣味はもちろん、相手の興味のあることを知って話のきっかけにするのも良いだろう。

生え抜きの若い野手も育ってきた。しかし、まだペナントレースの優勝というピースは埋まっていない。絶対に２０１７年の結果に満足してはならない。

4　チームの平均年俸が最下位を脱出する!?

クライマックスシリーズが導入されて、11年目の２０１７年に3位チームが日本シリーズに進出した。パ・リーグでは２０１０年に千葉ロッテがそれを果たしたが、セ・リーグでは初めての快挙である。3位チームの進出はたしかに「下克上」だが、当時の千葉ロッテと今のベイスターズとでは状況が違う。

まず、ペナントレースの結果だが、千葉ロッテは貯金「8」。貯金「8」は今季のベイスターズも同じだが、首位チームとのゲーム差は、千葉ロッテがわずか2・5差と肉薄していたのに対し、ベイスターズは首位広島に14・5ゲーム差も引き離されている。

下克上が際立っているのは選手構成からもよく分かる。

選手の実績、キャリアは年俸に反映される。日本プロ野球選手会が発表したデータによれば、2017年の外国人選手を除く支配下登録選手、734人の平均年俸は3826万円。これを球団別に見てみると、トップは日本シリーズで対戦した福岡ソフトバンクホークスで、7013万円。2年連続1位で、調査を開始した1980年以降、チーム平均年俸が7000万円を超えたのは初めてだという。

これに対し、ベイスターズは約2600万円で6年連続の最下位となっている。お金が全てではないが、活躍してチームの勝利に貢献すれば年俸はおのずと上がる。その活躍が積み重なって実績となり、高額な年俸が提示される。ベイスターズの主力選手はまだ若い。そのチームが史上最高額の平均年俸を誇るソフトバンクに勝っていたら、これこそが本当の下克上だろう。

2018年はペナントレースで優勝し、クライマックスシリーズ・ファイナルステージは横浜スタジアムで迎えたい。そして、必ずソフトバンクにはリベンジを。2017年の日本シリーズではミスが命取りになった。大一番でミスが出たということは、いろいろな要因があるだろうが最もいえるのは、経験値が足りないことだ。緊迫した日本シリーズの試合を経験したベイスターズのナインは、これからが本当の挑戦だということを思い知らされたのではないだろうか。

しかしオフには嬉しいニュースが入ってきた。契約更改での大幅な年俸アップだ。

5　新しい世界で知ったこと

２０１７年の日本シリーズが第6戦で幕を閉じ、プロ野球の公式日程も終了した。自分もプロ野球解説者、横浜ＤｅＮＡベイスターズのスペシャルアドバイザーとしての1年が終了したわけだが、本当にあっと言う間だった。

月並みだが、プロ野球中継の解説、評論における言葉の難しさも知った。現役時代はプレーを観ていただいてファンの皆様に楽しんでもらえばと思ってやってきたが、言葉で野球の醍醐味、一つ一つのプレーの意味を伝えるのは本当に難しい。今も「どんなふうに喋ったら、うまく伝えられるか」ばかりを考えている。

兼任コーチを任されていたときも言葉の難しさを痛感した。自分でプレーをしているときは、コーチに指示されたことについて「だいたい、こんな感じかな。こうじゃない、ああでもない」と感覚で体を動かして、自分なりに工夫をし、いろいろなことを試しながら技術として習得してきた。その感覚を言葉にし、後輩たちに伝えるのは本当に難しいと思った。

指導する立場の人間にとって「言葉」は武器だ。技術の解説やアドバイスを懇切丁寧に説明するのも言葉なら、ヒントだけを喋って選手に考えさせるのも、言葉の使い方の一つである。選手の性格に応じて、あるいは選手の置かれた状況に応じて、どう的確な言葉をかければよいか。これはとても難しいことだ。

引退後、各界において指導的立場にある方々に接する多くの機会を得たが、共通することの一つは、どなたも「自分の言葉」を持っていることだ。伝える技術と言ってもよい。現役の野球選手であれば、数字さえ残せば無口であっても構わないだろう。

ビジネスマンも同じで、現場の第一線で活躍している人は成績を挙げることが第一義に求められる。

だが、第一線から引いてアドバイスする立場になれば、求められるのは「言葉」だと思っている。

将来、再びユニフォームを着る機会があれば、選手に伝えるということをしっかり出来なければならない。プレーの意味を解説すること、試合を観ながら喋り、シンプルに分かりやすく説明出来るよう、勉強していかなければならないと実感した1年でもあった。

プライベートな話をすると、引退したあとにスーツを新調した。

「このスーツを着続けられるよう、今の体型を維持していこう」

そう決心したものの、引退して最初の年末年始はこれまでお世話になった方への挨拶周りやテレビなどの仕事も重なり、いろいろと忙しくしていたら、6キロも太ってしまった。新調したスーツもパツンパツンになり、これはマズイと思って、時間を見つけてスポーツジムやゴルフに行き、なんとか減量に成功した。

プロ野球のペナントレースが始まった春先は「解説者」としての生活リズムも掴めず、けっこう苦労した。食事も現役のころよりも動かなくなった分、食べる量を減らしたり、中身も変えなければならない。

そういう生活リズムの変化にもどうにか慣れてきたおかげで、体型も落ち着いてきた。体重そのものは現役時代よりも落ちた。でも、それは痩せたのではない。選手を辞めたことによって筋肉の量が落ちたのだ。「この体型を維持する」と決め、目安にもなっているスーツのパツンパツン状態はどうにか脱したが、気を抜くとどんどん太ってしまう。油断大敵だ。

いずれは現場に戻りたいという希望はある。そのとき、お腹が出ていたら、カッコ悪いよなあ……。そのとき、自分はプレーする側ではないが、ファンの方に「太ったなあ」と思われるより、「いい感じに歳を重ねたな」と思われたい。健康にも気をつけてやっていきたいと思っている。

さて、ベイスターズ球団からいただいたスペシャルアドバイザーの肩書だが、地域への貢献、球団主催の「ＢＴボール」大会、さらなる野球の普及などが活動内容となっている。野球教室やイベントにも出席した。

ティーボールとは国際野球連盟と国際ソフトボール連盟が１９８８年に考案したスポーツで、平たく言うと、ピッチャーのいない野球である。専門のティースタンドに載せたボールを打って、野球と同じように得点を争うゲームである。これを幼児向けに改良したのが「ＢＴボール」で自分はその普及にあたった。

内野は５人、外野は４人、ここにキャッチャーではなく本塁手を加えた10人が守備に就《つ》く。スライディング禁止など野球のルールとは異なる点もあるが、一番の特徴は低学年の児童も楽しめることだろう。

このプロジェクトは、子供たちに野球をプレーする楽しさを味わってもらい、将来的な野球人口の増加が目的で創設されたものだ。

横浜スタジアムで開催されたプレＢＴボールの試合で審判を務めた。

簡単なルールなので、子供たちは、ワイワイと声を上げながら楽しみ、試合が終わったあと

「もう一試合やりたい」という声が多くあり、子供たちの弾ける笑顔に、とても嬉しかった。

野球の面白さは、ボールを「打つ、捕る、投げる」ことである。少年野球の人口減少が伝えられて久しい。

でも、よくよく調べてみると、近年では高校の野球人口は大きく変わっていないそうだ。これまでは小学校、中学校、高校と進むにあたって、野球人口はだんだんと減っていった。それはそれで仕方のないことだと思っていたが、小学校と中学校の野球人口はほぼ同じ、中学校と高校もほぼ同じである。

底辺の野球人口がほぼ高校まで変わらないのだから、改めて野球のすそ野、底辺拡大が大事になってくる。小学校高学年の少年野球の前段階である低学年や幼稚園児でも遊べるようにする。だから、ＢＴボールの大会には打ち合わせから参加させていただき、イベントにも協力をさせてもらった。

日々、発見である。解説で喋ることも難しいが、相手が子供だと、「ちゃんと伝わったかな、大丈夫かな」と、子供の表情を気にしてしまう。喜んでもらえたらと思って、自分なりに一生懸命取り組んでいる。退屈しないでこちらの話を聞いてもらうにはどうすればいいのか……。野球の成績のように聞き手の反応、評判は数字になって表れない。だから、毎回、自分なりに反省はしている。

人生という日々の流れの中で、慣れないことや新しいことに出会っていく。望んでそうなることもあれば、その反対もある。だが、出会いがどうあれ、そのことに溜息をつくか、ワクワクするかによって人生は大きく変わっていくような気がする。自分は新しい出会いに感謝している。

また、舞台裏で現役時代には会えなかった人たちとも話をすることが出来た。イベントプロデューサーの方、制作スタッフの方、芸能界の方、文化人として喋り慣れている人、いろいろな方の話を聞くだけでも勉強になり、知らない世界を知ることは新鮮だった。喋り方を参考にさせていただいた方もいる。日々、新しい世界に触れることが出来、ワクワクしている。

6　初めてのキャンプ視察

２０１７年ユニフォームを脱いで最初に迎えた2月1日は、なんか落ち着かないヘンな気持ちだった。プロ野球選手にとってその日は元旦ともいえるキャンプインで、およそ2カ月先に始まるペナントレースに向けてチームとして始動する。

その大切な節目の日にユニフォームを着ていないのは、ちょっと違和感があった。まあ、１月の自主トレ期間中、ベイスターズの若手たちの練習を手伝いながら、自分も体を動かしてみたが、ペナントレースに挑むわけではないので、「あのしんどい思いをしなくてもいいんだ」と思ったのが、正直な感想だ。

プロ野球解説者一年生としての最初の仕事は、キャンプ視察だった。当たり前だが、これまで他球団のキャンプを見る機会がなかった。また、スーツ姿でベイスターズのキャンプを見るのも初めての経験だ。

古巣の戦力状況、チームの状態を客観的に見なければならない。キャンプ視察について言えば、ブルペン、メイン球場、サブグラウンドなど全てを知り尽くしているので戸惑いはなかった。後輩たちやコーチはスーツ姿の自分を見て、「違和感あるな～」と笑っていた。

同級生

2017-02-11

上田コーチ!

坪井コーチ!

俺たち・・・

43歳・・・

同級生!

ヨ・ロ・シ・ク!!

2月1日のキャンプインから3日間は沖縄をまわり、4日からの3日間は宮崎に行った。一度帰京して、10日から再取材に入り、なんとか12球団を見ることが出来た。

各球団とも独自の練習法があるから、一概にどこが良くてどこが悪いのかは言えない。しかし、練習施設の話をすれば、福岡ソフトバンクホークスは圧巻だった。一軍のすぐ隣で二軍が練習出来るというのが凄い。室内練習場も広い。

また、ジャイアンツも施設が充実していると思った。メイングラウンドのサンマリンスタジアム宮崎球場、室内練習場、サブグラウンドなど、宮崎県総合運動公園内の広大な敷地に素晴らしい施設が建ち並んでいて、選手はその施設を移動するのにもいったんバスに乗る。室内練習場の広さには驚かされた。

かつてベイスターズが弱かったころ、「ベイスターズは練習量が少ない」と勝手に言われていたが、自分としては「こんなに練習するのか?」と思っていたし、トレードなどで移籍してきた選手も「スゴイ練習量だ」と驚いていた。

コーチが「この練習をしろ」と言ったら、全メニューを消化するまで帰れない。とにかく時間がかかる。それが外野のポール間をダッシュする練習だったりすると、延々と走っている。終わったときは達成感に加えて、気持ちが強くなったような気がした。思い出すと、若手時代はオーバーワークでクタクタになった。

しんどい練習は辛くて、途中でやめたくなる。「もう、いいだろう」って、自分のなかで何度も心が折れそうになった。「足が痛い、故障した」と言って本当にやめてしまおうと思ったが、その度に、「自分に負けたのか？」と悔しくなって踏みとどまる。

それを毎日繰り返しているうちに、気持ちが強くなっていった。キャンプを取材しながら、そんな昔のことも思い出していた。

若いころはそうと気づかなかったが、ものごとには必ず長短の両方が備わっていると考えるようになった。ところが自分たちは、どちらか一面しか見ようとしない。非効率を短所と見れば、気持ちを強くするという長所を見落としてしまうし、気持ちを強くするという面だけにとらわれれば、非効率という短所を見落とすことになる。

いま自分の置かれた状況、あるいはチームの状態にとって必要とされるものは何かという視点で見れば、長短は密接であることに気づく。そう考えると、キャンプ視察ひとつ取っても、これからはどれだけ広い視野を持つことが出来るかが、自分にとって大きなポイントになると思った。

初めてのキャンプ視察で知ることが多かった。球団は取材者に対して「内部」までは見せてくれない。そのため、外から見られる範囲で色々と考えなければならない。25年間のプロ野球生活において、横浜ＤｅＮＡベイスターズしか知らなかったので、ここでいろいろと勉強をして新しく得たものを生かしたいと思っている。

もっとも、プロ野球の監督、コーチは「なりたい」と思ってなれるものではない。球団からのオファーがあって初めて可能性が生まれる。こちらからアピールするものでもないので、現役時代に知り得なかったことを知識としてストックして球団から声がかかる人間にならなければならないと思った。

7　メジャーを見て歩く

解説者一年生となった２０１７年の７月、アメリカに行き、現地の練習光景や施設を見学してきた。スペシャルアドバイザーの仕事の一環としてその機会をいただいたのだが、これまでメジャーリーグの試合はテレビでしか見たことがなかったので、マイナーリーグの試合や監督、コーチ、球団スタッフの方々とも話が出来たのは本当に良かったと思っている。10日間、８泊10日で６試合を観た。

メジャーリーグを３試合、３A、シングルA、ルーキーリーグを１試合ずつ見て、キャンプの練習施設や球団施設なども見学させていただき、日本の良さと、アメリカの良さの両方を知ることが出来た。自分はコーチングについて深く聞きたいと思っていた。ダイヤモンドバックスのコーチと話をさせていただく際、こう質問した。

「どういうことを念頭に置いて選手を指導しているのか？」

「一番大切なのは、コミュニケーション」

話をさせていただいたコーチの皆さんは全員、コミュニケーションが大切だと答えていた。

それは日本も同じだろう。ただ、上下関係の厳しさから生まれる日本のコミュニケーションに対して、アメリカは、ごく普通に日常会話のなかでも野球の話をしていた。

コーチも気楽に選手に直接電話をし、選手も当たり前にコーチに連絡が出来る環境が出来上がっていた。信頼関係である。こういう環境作りに力を入れていた。

メジャー

2017-07-05

シカゴの・・・

リグリー・フィールドで・・・

カブス・・・

VS・・・

レイズの・・・

試合観戦!

ヨ・ロ・シ・ク!!

日本の選手もコーチを信頼してついていくわけだが、先に環境作りをするのがアメリカらしいと思った。

まず、こういう練習をやる、こういうことはやらない、何の目的があって、この練習が必要なのか、その課題をクリアするためにこういう練習をしていく、など選手とコーチがきちんと話し合って決めていた。「いったん、話し合って決めたら、お互いが契約書にサインをするか、覚書を交わす」と聞いたときは、さすがに日本では出来ないとは思ったが、お互いに分かり合えるまでトコトン話し合うということは大切だと思う。

それはルーキー時代からだというから、驚きである。これが、米球界のコーチたちが言うコミュニケーションだった。このアメリカ式のコミュニケーションは日本流に改良出来ればいいと思った。

練習施設に関しては、圧巻だった。ウエイトトレーニング場の広さ、器具の多さは比べ物にならなかった。ジャグジー風呂のようなプールまで設備されていて、トレーナールームも2部屋も3部屋もあった。

トレーナールームの横にジャグジー式のプールがあるわけだから、こちらは日本では真似出来ない。だが、これは導入出来るかなと思ったのが、サプリメントだった。

ウエイトジムの施設や球場内にサプリメントのボトルがズラッと並べられていた。イメージで言うと、球場施設やキャンプ施設のなかにサプリメントやプロテインのボトルがたくさん並べられていて、その一つ一つに名前が書かれていた。スナックバーでボトルキープをしているような光景だった。

市販のプロテインやサプリメントもあったが、自分なりにアレンジしたオリジナルもあれば、いくつかのサプリメントとプロテインを混ぜるためのミキサーも常備されていた。服用するにあたっての指導もしっかりと行き届いていた。日本で「サプリメント・バー」を設けるにはやはりスペースの問題もあるが、今の若い選手はサプリメントへの関心が強い。

サプリメントやプロテインは足らないものを補う〝副食〟であって、体は口から入った食べ物でしか作れないというのが自分の考えだが、食事の大切さを見直すきっかけにもなると思った。「サプリメント・バー」は、今後、球団へ提案する余地があるかもしれない。

「百聞は一見に如かず」と昔から言うように、実際に渡米して得たものは計りしれない。ＩＴが日常的なツールになった今、知識は机に座っていながら瞬時に手に入るし、これはこれで効率よく利用すべきだと思う。

だが、それとは別に、現場に足を運んで自分の目で見て確かめるということの持つ意味は大きい。自分の目と耳で見聞した事実は、自分にとって大きな財産になった。

8 「スローガン」はチームを鼓舞する

横浜ＤｅＮＡベイスターズもどんどん変わってきた。横浜スタジアムはもちろん、キャンプ地に行っても、至るところにスローガンが貼ってある。

２０１６年は「WE PLAY TO WIN」選手、チームスタッフ、そして、球団職員も一丸となってシーズンを戦い抜くという意味が込められていた。17年は「THIS IS MY ERA」。今年は俺たちの時代、球団史上初のクライマックスシリーズ進出などで得た自信を継承し、より高い目標を成し遂げるためということで、ラミレス監督自らが考案したシーズンスローガンだ。

８月末には「OUR TIME IS N.O.W」なるスローガンも加えられた。「すべては、この時のために」という意味で、この言葉はクライマックスシリーズに2年続けて進出するとの意気込みを表していた。翌日の9月1日から僅差で迫る4位巨人と直接対決を備えており、絶好のタイミングでの発表だった。

スローガンは、チームを鼓舞するから、自分たちのめざす場所がはっきりと見えてくる。マイナーリーグのキャンプ施設に行くと、メジャーリーグで活躍しているスター選手の若手時代や球団の歴史を物語る写真も飾られていた。テレビで観たスーパースターのルーキー時代の写

真を前にして、

「メジャーで活躍している人たちもこんな時代があったんだな、俺たちもあのステージに立てるように」

と、気持ちを高ぶらせているのではないだろうか。

球団の歴史が分かれば、自分自身も一員になったという誇りが持てる。当然、モチベーションも違ってくる。こうした写真はファンも見ることが出来る。また、シカゴ・カブスの本拠地であるリグレー・フィールドにも行ったが、このスタジアムは蔦《つた》に覆われた外野フェンスが有名だ。ロッカーからグラウンドに続く通路が少し暗く、独特の雰囲気を醸し出していた。グラウンドに出るなり、特別な空間に来たような錯覚を起こし、球場そのものが非日常的な世界のようにも感じられた。

ファンに夢を与えるのがプロ野球、メジャーリーグであり、野球場は心底から「プロ野球選手って凄いな」と感じられる場所であってほしい。

速いボールを投げる、ボールを遠くに飛ばす、野球場にはこういう夢が詰まっていることを改めて思い出させてくれた。ファンの方の応援が熱を帯びて、一つのプレーに一喜一憂し、非現実的な世界で楽しんでもらえるような空間作りをしたいと思った。

横浜スタジアムもチームが強くなるにつれ、急速に変わりつつある。選手は最高のプレーを見せ、球団スタッフは野球観戦をもっと楽しめるような演出をする。そんなプロ野球球団の原点を教えてもらった。

9 ベイスターズファンとの関係

近年、横浜駅や横浜スタジアムの最寄り駅である関内の駅周辺で野球帽をかぶったファンや球団のエンブレムマークのついたシャツ、ユニフォームを着た方をよく見かけるようになった。自分の少年時代は、やはり関西ということで阪神ファンが多く、タイガースの帽子をかぶって遊びに行く子供が多かった。

甲子園球場に行く際に応援ハッピやユニフォームを着た人たちが多かったが、横浜は少なかった。今ではベイスターズのユニフォームを着たまま電車に乗るファンも多いが、ひと昔前は脱いでカバンに仕舞ってから乗車していたと聞いている。

横浜の街を走っていたとき、ベイスターズの帽子をかぶっている子供やユニフォームを着ている人を見かける頻度が増えた。他球団の球場周辺でも同様の声を聞いている。これは素直に嬉しい。横浜なら、ベイスターズ。広島だったら、カープ。北海道であればファイターズ。これは、プロ野球にとって本当に良いことだと思う。

また、球団エンブレムの入ったTシャツなどは、ファッション性も高まったと思う。ユニフォームもファッション性が高く、身につけて違和感がない。球団もデザイン性を高め、カッコよくした成果だろう。

ベイスターズの話をすれば、ファッション性の高い新しいブランドも立ち上げている。それはそれで、野球に馴染みのない人たちからも好評を得ているそうだが、こうした球団グッズについて、スタッフと選手側で過去に話し合ったこともあった。ベイスターズのチームカラーは主に「青」だ。でも、その選手を象徴する別のカラーがある。

たとえば、赤いリストバンドをした選手なら、「この選手は赤」、黒いバッティンググローブをしている選手ならば「黒」とファンに認知されている。その選手別に認知されたカラーでグッズを作ることは出来ないか、と過去に提案などした。

さらに個人的な意見を加えれば、自分はプロレスファンだったので、90年代後半に蝶野正洋選手が起こしたチーム・ＮＷＯのＴシャツが本当にカッコイイと思っていた。黒を基調としたシャツでデザインからはプロレスのイメージはなく、街なかで着ても違和感の全くないものだった。

「自分も着たい」と思うような、こういうファッションセンスが野球界にも必要だと思っていた。当時は受け入れてもらえなかったが、ＤｅＮＡになってからは、「選手プロデュース」のキャップやTシャツなどが次々と販売されるようになり、「色」もチームカラーに関係なく、自由な色彩でデザインされている。選手が自身のプロデュースしたシャツを着て球場入りし、それを見たファンに「自分も欲しい」と思ってもらえる。時代は変わり、自由な発想で意見が言えるようになった。

10　プロである以上、カッコよくあれ

プロレスラーの蝶野正洋さんともよく食事をさせていただいている。蝶野さんと話をしていて分かったのは、「自己プロデュース」の大切さ。カッコイイ、これは本当に大事なことだと思う。少年時代、自分は野球をやっていて、甲子園球場で阪神タイガースの選手を見て、まず「カッコイイ」と思った。

速いボールを投げる、遠くまで打球が飛ぶなどのプレーもそうだったが、単純に見ていて、プロ野球選手はカッコイイと思った。そこから始まって、色々と興味も沸いてきて、「こんな凄い選手もいるんだ、こういう凄いボールを投げるピッチャーがいたんだ、あの変化球が凄い」と思い、野球にのめり込んでいった。

蝶野さんはカッコよさをファンの人に伝えるにはどんなことをすればいいのかを常に考え、

行動している人だった。

プロである以上、どの競技選手もカッコよくないといけない。そういうことも勉強させてもらった。

カッコよさに注意を払うということは、自分が周囲からどう見られるか、第三者の視点に立つことだ。第三者の視点で自分を客観視しようとする人は、カッコよさという外見だけでなく、「自分」という人格がどう見られるかということにも注意している。

言葉を変えれば、カッコよくありたいという思いのない人は、人格にも無頓着ということになる。ビジネスマンもそうだが、カッコいい人はたいてい自己プロデュース力があるため、会話をしても楽しく、人脈も豊富になっていくのだろう。

プロ野球には1チームに70人近い選手がいる。その70人が全員、同じでなくてもいいと思う。いろんな特徴があって、いろんなキャラクターがいて、各々がファンにアピール出来ればいい。そして、試合になったら、チームの勝利という一つの目標に向かって進む、そういうスタイルも集団競技のプロとしてカッコよさがあると思う。球界の発展のため、ファン拡大のため、選手、球団は自己プロデュースについて、これからも考えていくべきだろう。

それにしても指導者は難しい。コーチ兼任で3シーズンをやらせてもらい、人に教えたり伝えたりというのが、こんなにも大変とは思わなかった。

選手の性格もそれぞれ違うし、たとえばその日に気になったことやアドバイスを伝えるのでも、試合直後に言ったほうがいいのか、一日置いて、落ち着いてからのほうがいいのか。自分なんかは、打たれてイライラしているときに何か言われても全く耳に入らなかった。そういう意味でも、もっと勉強しなければならない。

11 「日々是好日《にちにちこれこうじつ》」で得たこと

あるがままに外から野球と接していきたい。そんな思いから一度、今までの野球に対する固定観念を振り払って野球を見た。

言葉を変えれば、「視点を多く持つ」ということだ。コーヒーカップだって、真上から見るのと横から見るのとでは、形はまるっきり違って見える。視点を多く持てば持つほど、それぞれの場面で的確な対処が可能になることは言うまでもないだろう。

では、視点を多く持つにはどうしたらいいか。

「なぜ」の一語を相手に問い、自分に問うことだ。そして導き出した答えが、視点としてインプットされていくのである。

テレビやラジオの野球中継や新聞掲載の試合評論をさせていただいて、仕事で試合を観るとき、こんなことを考えてしまう。「俺が監督だったら、どうするかな?」という目線だ。たとえば、「この場面は代打を送って」とか、「俺だったらこの場面では投手を代えない、代えるんだったら、次のイニングかな」と考えながら観てしまうのだ。

野球に限らず、スポーツの選手起用に「これをやっておけば、絶対にうまくいく」といった正解はない。でも、結果、代打を送って得点につながればそれが正解であり、「まだ投げられる」と思った場面でも投手を交代させてゼロに抑えれば、その監督の起用法は正しかったということになる。

「この場面はピッチャーを代えるべきか、代えないほうがいいのか……」

起用法の成功、失敗は結果論だ。また、対戦データや選手自身の好不調もある。結果論はともかく、自分が大切にしているのは選手起用や交代の有無、タイミングが異なったときである。

「この場面、俺だったら、ピッチャーを交代させるのに。この監督さんは、なんで代えなかったのかな?」

ベイスターズだけではなく、他チームの試合を観るときもいつもそんなことを考えていたから、後日、テレビやラジオの解説で球場に行くと、監督さんやコーチをつかまえて、

「このあいだの試合ですけど、あの場面でどうしてピッチャーを代えなかったんですか」

と、質問をしてそれぞれの考えを聞いて勉強した。

違う考え方を聞くことはとても新鮮で、一言《ひとこと》、一言に学ぶことが多かった。自分とは異なる「続投」を判断した監督、コーチの考え方、采配の理由を聞き、自分にはなかった発想に気づかされる。

「なるほど、あの場面はピッチャーの投球数が多くなっていたが、対戦バッターとの相性を優先したのか」

「ペナントレースは長い。このピッチャーにはこの先も頑張ってもらわなければならないから、期待も込めて続投を決めたのか」

こんなふうに、頭のなかで常に選手起用のシミュレーションをしながら、野球を観てきた。ピッチャーとキャッチャーの配球にしてもそうだ。自分もピンチを迎えた場面での駆け引きを何度も経験してきたせいか、「俺だったら、次はこの球種を使う」と考えながら見てしまう。

「ほら、やっぱり、この球種を使ったじゃないか」

誰に聞かせるわけでもないが、こんなふうに膝を打ちながら野球を観てしまうのは職業病だろう。ベイスターズの試合にしても、自分の現役時代と変わらないもの、変わったものがあり、興味深く観ている。他球団のバッテリーの配球もそうだ。強気に攻めるバッテリーがいれば、慎重になりすぎるバッテリーもいる。

解説者としての野球観戦はそんな発見もある。

アマチュアの野球を観る機会も増えた。アマチュア野球を観ることは大切だ。学生、社会人の野球は本当に面白い。まず、選手個々のクセが出る。クセが悪いと言っているのではない。たとえば、バッターだと、「あっ、この選手はさっき、ピッチャーが投げたスライダーを待っているな」とか、「このタイミングの取り方は変化球待ちだな」といった選手心理や個性がはっきりと伝わってくる。学生野球をスタンドで観ているときに、ピッチャーの投げる球種を的中させると関係者から、

「どうして分かるんですか」

確保

2017-07-21

廊下で･･･

確保!

19 ヤスアキ!

ヨ･ロ･シ･ク!!

と、聞かれる。

自分なりに、真っ直ぐを投げるときと変化球を投げるときの微妙な投球フォームの違いを説明すると、「へえ〜」と感心されるが、プロ野球選手と学生は試合に臨む準備も違う。プロは勝敗を競っている。学生野球もそうだが、勝敗が生活、年俸に直結することはない。プロ野球はスコアラーを派遣してまで対戦チームや選手のクセ、特徴を調べ上げるのに対し、学生野球は選手個々の成長を大事にしている。

そういう学生野球の原点を考えると、ピッチャーの投げる球種を的中させながらの観戦の仕方は相応しくないのかもしれない。学生野球の観戦にもプロ野球目線を持ち込んでしまうのも、職業病の一つなのかもしれない。

引退して、メディアに出る機会も増えた。現役時代から、「プロ野球にあまり興味のない人にも関心を持ってもらいたい、三浦大輔という人間を介して興味を持ってもらえるのなら」と思い、テレビにも出演してきた。

メディアとの付き合い方は人それぞれだが、前監督の中畑清さんを見て感心したのは、大敗を喫したときも取り囲む記者団に必ずコメントを出していたことだ。その姿を見ていて、自分も「成績の良いときだけテレビに出る。悪い年は出ない」と線引きしないでやってきたことは間違いではなかったと思った。

シーズン中もそうだった。負け試合の後、記者団が追いかけてくると、「イヤだなあ」と思うときもあった。「なんでこんなこと聞くんだよ?」と思う質問もあった。

だが、現役の後輩たちにも考えてほしい。マスコミも聞きづらいことを聞かなければならない「プロ」であり、その向こうにはファンの方がいることを忘れないでほしい。自分たちも野球のプロ選手だ。「負けについて答える」それも、上をめざすための必要な流儀だと思う。

12　外から見たベイスターズの立ち位置

解説者として、初めてベイスターズの後輩たちを客観的に見ることが出来、改めて思ったのは、若い選手がどんどん出てきたことである。

「2017年セ・リーグ　ベストナイン」は、一塁手・ロペス、三塁手・宮﨑敏郎、外野手・筒香嘉智の3人が選ばれた。2018年は、宮﨑が29歳、筒香が26歳でシーズンを迎える。

チーム勝ち頭の今永昇太が24歳で、先発ローテーションも27歳のウィーランド、31歳の井納翔一、22歳の濵口、24歳の石田健大と若い。若い選手がチームの中心選手として結果を残しているのは、本当に頼もしい。

また、濵口遥大も新人特別表彰を受けていたように、ここ数年、ドラフト指名した選手がルーキーイヤーから活躍するケースも多い。こちらは高田繁ゼネラルマネージャーを中心とした編成、スカウト部門によるところが大きい。

「三浦さん、どうしてベイスターズは若い選手が育っているんですか」

「前年の悔しさを忘れないかどうかだと思います」

不本意な成績に終わった者、屈辱的な敗北を喫した者は「今度こそは！」の思いを抱く。その気持ちを持続出来るかどうかで、次のシーズンが違ってくるのだ。悔しいと思う気持ちを持続させるのは、実は難しいことなのだ。

その屈辱的な敗北を喫した試合後は「チキショー！」と思っている。その悔しさは秋季キャンプの行われる11月、契約更改、球団納会などのある12月までは覚えている。しかし、年末や元旦を過ぎてしまうと、どういうわけか、悔しいと思う気持ちが薄れるか、忘れてしまうのだ。

中国の故事にある「臥薪嘗胆《がしんしょうたん》」という言葉は、薪の上で寝ることの痛みでその屈辱を思い出し（臥薪）、苦い胆（肝）を嘗《な》めることで屈辱を忘れないようにする（嘗胆）ということから、「復讐を成功するために苦労に耐える」「報復の志を忘れまいとする」という意味だという。

それほどに悔しさや復讐心を持続させるのは困難であるということになる。だから屈辱的な敗北や失敗を悔しいと思う気持ち、それを持続することが若手の成長につながると思っている。

その一例が今永だ。17年のクライマックスシリーズ、日本シリーズで好投した今永昇太は前年のクライマックスシリーズ・ファイナルステージで広島打線に釣瓶《つるべ》打ちにされている。1回6失点でマウンドを下りた。その試合で自分はベンチには入れなかったが、その一部始終を見ていた。今永は試合後ロッカールームで、悔し泣きしていた。

「この悔しさを絶対に忘れるな」

そう声をかけると、今永は頷き、下唇を噛んだ。

17年の好投はマツダスタジアムで流した涙、その悔しさを忘れずに1年間努力した結果だ。

この年のCSの対戦チーム、広島には黒田博樹がいた。お互い、万年Bクラスのチームで孤軍奮闘してきた生え抜きとして、言葉を交わさなくても感じるものがあった。彼と比較されることも多いが、自分は彼のことをライバルというよりは一人の野球人として敬意を持って見てきた。

黒田投手はメジャーでも成功しているし、自分なんかよりもずっと「上」の投手。自分が決めた道を自分の責任で突き進む。素晴らしい信念を持った投手だ。

ベイスターズは若い。若いチームは1試合ごとに強くなっていった。必死さ、最後まで諦めない粘り強さを見せることが出来たと思う。ベテランが牽引するチームには安定感があり、またそのリーダーにも貫禄や信頼感がある。しかし、一歩間違えば、そういうチームは「キャプテンの指示待ち」となってしまう。筒香は自ら動き、チームメートたちとともに突き進んでいく。筒香の成長がチームの発展にもなる。チーム全員が日本シリーズで流した涙と悔しさを忘れないでほしい。

上をめざすため、「これ以上はムリ」と勝手に限界を決めてはいけない。解説者としての一年は、後輩たちの成長を知る機会になったのと同時に、野球の面白さを再確認した一年でもあった。

第二章

人生マラソン

2016年という年

13　置かれた立場で考えた

思い出しても胸がいっぱいになる自分の引退セレモニー――。

盛大な引退セレモニーを設けてくださった、球団を始め、ラミレス監督、コーチの皆さん、球団スタッフ、チームメートには本当に感謝している。セレモニーの日程が決まり、球団からは「どういうふうにしたいか」と事前に聞かれて話し合ったが、大ファンの矢沢永吉さんからのメッセージＶＴＲは打ち合わせにはなかったサプライズでびっくりした。

２０１６年９月29日、本拠地・横浜スタジアムでの最終戦である。試合前の球場に着くと、球団スタッフがマイクスタンドの高さを調整していた。

「三浦さん、１分でいいですからちょっとお願いします」

引退挨拶で使うそのマイクスタンドの色に驚いた。「白」である。

「こういうの、作りましたから」

矢沢ファンとしてはコンサートで永ちゃんが使うマイクスタンドと同じ「白」は、嬉しい限りだ。球団スタッフには他にも仕事がある。セレモニーは試合後だが、肝心の試合に向けて準備しなければならない通常業務がある。そのなかで用意をしてくれたのだ。プロ野球選手の圧倒的多数が現役引退のときを自分で決められないでいる。なのに、僕は自分から申し出ることが出来た。25年間もいた世界から退くのは寂しいと思っていたが、「送り出してもらえる幸せ」を噛みしめた。

引退を決めたのは、8月18日、二軍本拠地の横須賀スタジアムのファーム戦で投げたときだった。一軍は球団初のクライマックスシリーズ進出を懸け、負けられない試合が続いていた。チーム最年長、1998年の優勝、日本一を知る最後の現役選手としては少しでも若い後輩たちの力になりたいと思っていた。二軍戦で結果を残し、一軍に戻る。チャンスをもらい、ある程度の手応えは掴んでいた。

しかし、一軍初登板は7月11日と大きく出遅れた。結果もともなわず、再び二軍降格となったが、「チャンスを掴んで上（一軍）に行くんだ」という気持ちでやってきた。連戦の続く8月になっても一向にお呼びがかからない。一軍の調子も良い。

「あっ、もう俺がいなくても大丈夫だ」

そう思ったら、「どこかでケジメを付けなければならない。今シーズン限りだな……」と考え始めていた。同時に真剣勝負でもう一回マウンドに上がりたいと思っていた。

引退を表明したベテランに対し、ペナントレースの勝敗が決した後に論功行賞で出場の機会が与えられることもある。自分はそういうのがイヤだった。真剣勝負のマウンドに立ちたかった。チームはクライマックスシリーズ進出をかけ、僅差での戦いを繰り広げていたので温情出場の機会など考えられなかった。このまま二軍で終わる可能性もある。だから、9月3日、横須賀スタジアムで行われたファームの対ヤクルト戦に家族を呼んだ。

7回を投げ、失点2で勝利投手となった。試合前に女房には決心を伝えたが、子供たちにはまだ何も言っていない。試合後、池田純球団社長（当時）に連絡を入れ、時間を作ってもらった。

女房はとくに驚かなかった。数年前、成績不振に陥ったときは「三浦大輔がこんな終わりかたでいいの？」と奮起させてくれた。ここ最近は朝、体を起こすのも辛かった。眼が覚めても体を起こせない。ゆっくり、ゆっくりと少しずつ体を動かしてやっと起き上がっていた。ふとした瞬間に、筋肉がギュッと硬直するようなことも何度かあった。

階段もゆっくり下りて、風呂につかり、シャワーを浴び、ストレッチ運動をしてから球場に向かっていた。球場入りしても準備運動に倍の時間をかけなければ今までのように動けなくなっていた。そういう姿を見てきたからだろう。

女房は覚悟も出来ていたらしく、労《ねぎら》いの言葉をかけてくれたあとは、何も言わなかった。

家族のサポートは、大きかった。月並みだが、食生活の管理面では苦労をかけた。肝機能障害になったときは体にいいもの、肝臓への負担が少ないもの、バランスのいい食事をいろいろと調べてくれていたらしく、良いものがあると聞くと取り寄せてくれたりもした。肉類が食べたいと思ったときは野菜を加えて偏らないよう、工夫もしてくれた。

家族の支えがなかったらここまで投げられなかっただろう。

池田社長との待ち合わせ場所に向かうクルマに家族を乗せた。頃合いを見計らい、車中で子供たちにも伝えた。「今年で辞めるわ」と。労いの言葉をかけてもらったが、近年、成績を落としているのを知っていたからか、子供たちもさほど驚かなかった。この時点で三浦大輔の引退を知っていたのは家族と池田社長だけだ。

池田社長には、「引退発表してから投げるのはイヤです」と伝えた。真剣勝負がしたい、マウンドに上がる限りは勝敗にこだわりたいと伝え、理解をしていただいた。一軍昇格、そこで真剣勝負のマウンドに上がる。あとはその目標に向けて最後まで頑張るだけだ。はたしてチャンスはやってくるのか……。

9月に入って雨天などで順延が続きローテーションが変則となっていた。9月半ばに9連戦が組まれていて、そこで先発投手が足らなくなるという。「もしかしたら、チャンスがあるかもしれない。そこに懸けたいので、どうか伏せておいてください」

池田社長に改めてお願いをした。「引退するから、投げさせてやろう」というお情けは、本当にイヤだった。一軍昇格の連絡が入ったのはその数日後、9月16日、甲子園での対阪神戦に備えるよう、指示もあった。この登板で好投出来たとしても辞めるつもりでいた。シーズンのほとんどを二軍で暮らした以上、自分の今の実力を受け入れるしかない。与えられた役目を全うし、試合後にラミレス監督、高田繁ゼネラルマネージャーには自分から伝えるつもりでいた。

引き際だと思った。決めるまで悩んだ。7月11日に一軍で投げて以来、二軍での調整が続いていた。自分のピッチングにズレというか、これまでとの違いも感じていた。内外角のストライク・ゾーンのギリギリを狙ったつもりなのに、ボールが狙ったところよりもちょっとずつ真ん中に入っている。これまではファールにしていたボールもフェア・ゾーンに打ち返されるようになった。力負けしている。内野フライに打ち取ったはずの打球も内野手の頭を越えるようになり、ストレートのキレ、威力、投球の精度が今までと違ってきたのだ。そして、ペナントレースの勝負どころである8月に一軍で投げられなかった。25年もこの世界にいれば置かれた立場は分かる。この先、ダラダラやるのも自分らしくないと思った。

14　運命の選択は自分で決める

9月16日の阪神戦、5回裏に連打を食らったのと同時にラミレス監督が動いた。投手交代。

初回に2点は失ったが、点差は1点。まだ先発投手の責任イニングは投げきっていない。「ここで交代か?」という悔しさ、「まだいける」の思いと同時に、ベンチに交代の判断をさせてしまった自分の不甲斐なさが交錯する。家族も甲子園に呼んでいた。悔しい……。

それでも自分の引退決意を隠してもらった判断は間違っていなかった。ラミレス監督が引退を知っていたら、続投させてくれたかもしれない。

試合を落とせば、クライマックスシリーズ進出の3位争いにも影響してくる。真剣勝負のマウンドに上りたかったのだ。覚悟を持って臨んだ。チームのためを考えれば、真剣勝負に水を差さずに済んだ。

試合終了後、宿舎ホテルに戻り、ラミレス監督と高田繁ゼネラルマネージャーに、引退の気持ちを伝えた。また、自分には兼任コーチの肩書もあったので、その日のうちに篠原貴行、木塚敦志両投手コーチにも伝えておきたいと思った。二人は食事の最中だったので、お開きとなってから部屋に戻る途中で、両コーチのそばに近づいた。

「シノ（篠原コーチ）、キズ（木塚コーチ）、ちょっといい?」

この時点で両コーチとも直感したようだった。

篠原コーチの部屋に入り、「今年で辞めるわ。引退するわ」と切り出した。コーチでありながら彼らにはかなり気を遣わせた部分もあったと思う。だが、彼らは現役時代苦楽をともにした三浦大輔に対し、情に流されず、しっかりとコーチとしての仕事をしてくれた。

「そうですか……」

「でもまだ、試合があるので最後まで一緒に頑張りましょう」と声をかけてくれた。

その後、球団側と引退会見を開くタイミングについて話し合った。横浜スタジアムでの広島2連戦を終えた翌日の9月20日に決まり、球団は会見内容も伝えずにホテルを押さえてくれた。トップシークレットと言うと大袈裟《おおげさ》だが、引退の旨を告げた池田社長、ラミレス監督らも申し合わせたように誰にも言わなかった。だから、何の会見でホテルを押さえているのか分からない球団スタッフもいた。

15　引退記者会見

そして迎えた9月20日、横浜ロイヤルパークホテルでの引退記者会見。冒頭に挨拶をして会見が始まった。ここに一問一答を再現した。
三浦　私、三浦大輔は、今シーズン限りで引退します。高校を出て大洋ホエールズに入団して25年間、横浜の街に育てられました。うれしかったこと、苦しかったこと、いろいろありましたが、皆さんに支えられて一歩ずつ歩んでいくことができました。いろんな思いがありますけれど、感謝の気持ちでいっぱいです。

――引退を決断した理由は。

三浦　勝てなくなったからです。先発で勝てなくなったらやめると決めていました。7月に初登板させてもらって打たれて、8月まで一軍で投げられなかった。そのときには気持ちは決まっていました。もう一度勝負したいという気持ちがあったので、9月の甲子園での先発（16日）まで球団にも伝えませんでした。

――奥様の反応は。

三浦　残念がっていました。子どもたちも「まだできる」と言ってくれた。でもプロの世界は厳しいと、伝えました。甲子園の試合には観戦に来てくれて、その前で投げられてよかったです。

――チームメートにはいつ伝えましたか。

三浦　昨日（19日）の試合後に伝えました。その前にCS進出が決まり、喜んでいるロッカーで言うのはどうかと思ったけれど、伝えられてよかったです。

――25年間、現役を続けることができた支えは。

三浦　プロに入団したとき、25年もプレーするとは思ってもみなかった。1年1年が勝負だと思っていたし、負けたくない、悔しい、勝ちたいという気持ちがあったから、苦しい練習もできた。試合で勝って、たくさんのファンが喜んでくれたことが一番ですね。

――一番の思い出は。

三浦　１９９８年に優勝したときに、こんなにうれしいものかと思いました。すべてが報われたというか、１年間のしんどいことが吹き飛んだ。それだけ最高なものでした。

――今のＤｅＮＡは。

三浦　苦しいときがあったからこそ、今のベイスターズを見ていると本当にうれしい。いいチームになっている。（２００８年末に）ＦＡ宣言して横浜に残留して、強いチームにしたいと思いました。小さな力でしたが、横浜がどんどん変わっていくのを見て、うれしく思っています。

――ファンは阪神へ移籍してしまうと思っていました。

三浦　悩んで悩んで、いろいろな方にご迷惑をおかけしました。１５０勝を挙げたときも言いましたが、横浜に残ってよかったなと。たくさんの人が喜んでくれて、支えてくれた。三浦大輔は幸せ者だと思います。

――最後の登板はどんな気持ちでマウンドへ。

三浦　勝ちたい。それだけです。

――引退後のプランは。

三浦　まだ特に決めていません。現役は卒業しますけども、野球からは卒業しません。ずっと野球にかかわっていきたいなと思います。

――25年間を振り返って、どんな野球人生でしたか。

三浦　ドラフト6位で大洋ホエールズに入って、飛び抜けて球が速いわけではなく、すごい変化球があるわけでもない。よくやってこれたなと思う。負けのほうが多かったですけど、周りの方に支えられてここまで突っ走ってこられた。感謝の気持ちでいっぱいです。

――トレードマークであるリーゼントは。

三浦　卒業しません。できるかぎりは。

――ベイスターズファンに一言。

三浦　25年間、ご声援ありがとうございました。苦しいときに本当に助けられました。どんなときでも応援していただき、感謝しています。約束していた優勝は果たせませんでしたがCS進出することができ、チームはどんどん成長してきました。これからも横浜を応援してほしいし、僕も横浜から離れることはありません。シーズンはまだ残っています。もっと上に行けるよう頑張っていきます。

質疑応答（一部抜粋）

――監督になって胴上げされたいという気持ちは。

三浦　指導者というイメージはありますが、もっと勉強しないといけないと思います。将来的には横浜に戻ってきたいです。

――ファンとはどんな存在か。

三浦　三浦大輔にパワーをくれる存在ですね。一緒に戦ってきたチームメートです。

――寂しいという、多くの声があります。

三浦　自分も寂しいです。まだまだ離れたくないですし、横浜のユニフォームを着て投げたい。もっと前に引退を考えたこともありました。もうダメかなと。でも、二軍で一軍の試合を見ているとき……（声を詰まらせながら）18番のユニフォームを着てスタンドで応援してくれるファンの姿を見たら、絶対にあのマウンドに戻るんだと頑張ってこれました。また、違うステージでも三浦大輔は頑張っていくし、応援してもらえたらと思います。

――〝横浜ナンバー〟となる背番号18はどんな選手に託したいか。

三浦　横浜のエースナンバーを「18」にすると思い、着けさせてもらった。背番号の重みが分かる選手に着けてもらいたい。

（『週刊ベースボール』２０１６年10月10日号）

16 〝永遠番長〟の言葉の重み

引退会見を終えてすぐ、横浜スタジアムや横浜の街中にポスターを貼っていただいた。引退のポスター、前例はない。9月3日のファーム戦で投げたあと池田純球団社長に引退の意向を打ち明け、しばらくの間、誰にも口外しないでおいた。だが、池田社長のお気遣いで一部のスタッフにポスターの制作を命じていたそうだ。

厳密に言えば、「クライマックスシリーズ用のポスター」ということで撮影スタッフには伝えていた。出来上がったポスターに書かれた文字は「永遠番長」。最初は意味が分からなかったが、「番長は永遠なんだ」というお話で、引退しても、横浜の街では三浦大輔が永遠に番長なんだとのことだった。お気遣いには感謝している。ただ、ポスターの制作そのものは知っていた。自分も深夜の横浜スタジアムでの撮影に立ち会っていたからだ。

夜11時過ぎの撮影で球場の照明はつけられたが、マウンド周辺に幕を張って外部から見られないようにした。待ち時間もユニフォームの上にコートをはおって、背番号が見えないようにした。そうやって出来上がったポスターなので思い入れはある。

のちに聞いた話だが、引退報告とこれまでの応援に対してお礼を伝える新聞広告を球団が打ってくれたが、いきなり、「明日お願いします」と言って掲載できるものではない。そのため、少し前から広告スペースを押えておかなければならないが、そこからバレる危険性があるため、黒塗りにして中身が分からないよう配慮してくださったそうだ。

「最後まで真剣勝負がしたい。チームの大事な時期に引退のための配慮はいらない」とするこちらの意向を汲んでくださったのだ。会見翌日、その広告が掲載されたが、ある新聞社は急きょ、カラー写真の広告に切り換えてくださった。

横浜スタジアムの最寄り駅電車の車内にもポスターが貼り出されていた。横浜の街中にポスターが貼り出された期間は、本当に幸せだった。

「ポスターを見に行きたいんだけど？」

せっかくなので、貼り出されたポスターはきちんと見ておきたいと思った。

「パニックになるからやめてください」と球団スタッフに言われた。

そう言われても、見たいものは見たい。

「では、ちゃんと撮影スタッフをつけますから、それでお願いします」

一人でこっそり見るつもりだったが、球団スタッフの言う通りにした。

電車に乗って球場に行く。車内のポスターも見ることが出来たが、鉄道関係のスタッフも混乱防止のため同行してくださった。

最後にその鉄道スタッフの方が「ここに、サインしてもらえませんか？」と聞いてきた。駅に貼り出されたポスターにペンを走らせた。一歩間違えたら、落書きである（笑）。並行して開催された写真展には家族、友人家族と揃って出かけたが、やはりパニックになるということで、開催時間の終了した午後8時過ぎ、特別に入れていただいた。ワガママで「見たい」と言ったことにまでたくさんの方に助けていただいた。感謝の言葉しかない。

18

2016-09-20

三浦大輔･･･

今シーズン限りで･･･

引退します!

ヨ･ロ･シ･ク!!

17　最終登板前、今永昇太がやって来た

チームがクライマックスシリーズ進出を決め、文字通り最後の登板になる9月29日、横浜スタジアムで東京ヤクルト戦に臨んだ。

最後はどんな気持ちで迎えられるだろうか、泣くのはどうかなと思っていた。だから、泣かないと決めていた。6回表を投げ終えて、「これで自分の仕事は終わった」と思った後、不覚にも涙が出てしまった。

6回裏の攻撃では自分に打順がまわってくる。先頭バッターだ。「代打が告げられて、交代」と思っていたが、ラミレス監督が人差し指を立てている姿が目に入った。

「打席に立って、もう一人投げるよ」

と告げられた。

篠原貴行投手コーチがやってきて、

「もう1回（マウンドに）行きましょう。あと一人だけ」

と、伝えてくれた。涙が止まらなくなったのは「最後に打席に立てる、もう一人投げることが出来る」と思ったそのときだった。

もう一度、マウンドに立てる。そう思うだけで胸が熱くなってきた。打席に向かう自分がアナウンスされ、スタンドからも割れんばかりの拍手をいただいた。いろいろな思い出がこみ上げてきた。

スタンドの声援や拍手が聞こえたらもう堪えられなくなった。ヘルメットをかぶり、バッティンググローブをはめる。打席に向かう途中、バックネット近くに用意されていた家族席の女房、子供たちと目が合った。

「最後、見ておけよ。もう本当に最後だぞ」

結果はセンターフライに終わった。6回表のマウンドに向かう途中、キャッチャーの髙城俊人が駆け寄ってきて、涙を流しながら、

「全部、真っ直ぐでいきましょう」

と言った。

「俺はあの場面、こんなふうに投げたかった」という感想を彼の新人時代から伝えてきた。それをアイツはきちんとメモをしていた。他の投手に対しても同じだ。よく勉強していた。それを知っていたので最後のバッテリー相手に指名した。

最後の対戦バッターは雄平。全力で腕を振ろうと決め、一球目ストライク。2球目空振り。しかし、その空振りを見て思った。あと一球で終わる。一度、バックスクリーンのスコアボー

ドを見て、気持ちを落ち着かせた。全力で腕を振るだけだ。雄平のバットが空を切った。

「終わった……」

ラミレス監督がゆっくりとベンチを出て、球審に投手交代を告げた。帽子を取って、頭を下げた。加賀繁がブルペンから出てくる。彼の登場曲である「あとひとつ」が流れると、涙が止まらなかった。マウンドに残り、加賀にひと声かけてからベンチに退いた。一塁側のブルペンから木塚敦志コーチや他のピッチャーたちが出てきて、手を振ってくれた。ベンチから全員が出て出迎えてくれた。スタンドからも大きな拍手をいただいた。

みんな、泣いていた。マウンドに上ったときもそうだった。三塁手の宮﨑敏郎なんかは、ずっと泣いていた。一塁手のロペスも泣いていた。「泣くの、早いよ。まだ終わってないんだから」と軽口を叩いてみたが、ここで過ごした時間は一生の宝物となった。

この最終登板前、今永昇太がブルペンにやってきて、自分の投球練習を見ていた。

「どういう練習をやっているのか、見ていいですか?」

「いいよ、俺のピッチングで良ければ好きなだけ見ていいよ」

彼が俺の練習を見て、何を感じたのかは確かめていない。今永は俺がミットに向けて投げる一球一球を無言で追っていた。言葉にしないでも、ただ何かを掴んでくれればこれほど嬉しいことはない。最近はマジメな選手が多く、今永も真摯に野球と向き合っている。

剛速球も、鋭い変化球もない自分がこの世界で生きていくにはどうすればいいのかを考え、そのための練習方法を模索してきた。その思いが、一球一球に込めた俺の声として今永らに届いてくれたら、と願ってミットに投げ込んだ――。

18　三浦大輔はずーっと横浜です。ヨ・ロ・シ・ク‼

「本日は私、三浦大輔のためにこのようなセレモニーを開いていただき、本当にありがとうございます。１９９２年に大洋ホエールズ最後の試合でプロ初登板をしました。その時、遠藤一彦さんの引退試合があり、２年目には斉藤明夫さんの引退試合があり、それをグラウンドレベルで見て自分も将来、こういう引退セレモニーをしてもらえる選手になりたいと思って頑張ってきました。

あれから25年。楽しいこともいっぱいありました。僕が勝って喜んでいる以上に皆さんが喜んでくれて、僕はそれを見てまた喜んでいました。しかしそれ以上にいっぱい負けました。今日も最後の最後まで皆さんに迷惑かけて本当に申し訳なかったと思います。

苦しい時もいっぱいありました。心が折れそうな時もいっぱいありました。でも頑張ってこられたのは、本当に皆さんが背中を押してくれて声援を送ってくれたおかげで、ここまで倒れずに前を向いて一歩ずつ踏みしめてこれました。本当にありがとうございます。たくさんの人に愛されたと思っています。感謝しています。いろいろ考えてきたんですけど、頭の中が真っ白です。今は本当に最高に気分がいいです。出来ることならこのまま時間が止まってくれればなと思っています。でもチームはクライマックスシリーズが控えています。やっとクライマックスシリーズに出られます。どんどんチームが変わってきて、苦しかった時を乗り越えてやっと『横浜ＤｅＮＡベイスターズ、いいチームになっただろ？』と、みんなに自慢出来ます。

横浜一筋で25年もやってこられたのも皆さんのおかげです。これからの人生も横浜一筋でこられたことを誇りに頑張っていきます。ヤクルトスワローズの皆様、最後までお付き合いいただき誠にありがとうございます。ファンの皆様も本当にありがとうございます。横浜ＤｅＮＡベイスターズのスタッフ、選手、監督、コーチ、球団職員の皆様も本当にありがとうございます。そして普段はなかなか口に出して言えないですけど、グラウンドではファンの皆様に支えていただきました。家に帰れば、家族が三浦大輔を支えてくれました。本当にありがとう。三浦大輔を25年間応援していただき、本当にありがとうございます。感謝します」

２０１６年９月29日の試合後に設けてくださった引退セレモニーで、そんなお礼の言葉を述べた。事前に原稿を用意していたわけではない。「ヨロシク!!」で終わりにしたかったのだが、家族のこと、皆様へのお礼を口にしたら、自然とそんな長いものになってしまった。

感じたこと、思ったことをそのまま伝え、そして、引退後も横浜にいる。これからも横浜で暮らし、横浜の皆さんと一緒だと思ったら、最後に出た言葉が、

「これからも、三浦大輔はずーっと横浜です。ヨ・ロ・シ・ク!!　ありがとうございました!」

だった。

これで三浦大輔の25年にわたる現役生活が終わった。

感謝!

2016-09-30

改めて・・・

25年間・・・

熱い熱いご声援・・・

ありがとうございました!

三浦大輔は・・・

たくさんの方に・・・

愛してもらい・・・

サイコーの時間を・・・

過ごせました!

感謝です!

ヨ・ロ・シ・ク!!

19　エースナンバーの定義

試合前、お揃いのTシャツを着て全員で記念写真も撮った。自分の背番号「18」がプリントされたもので、整列のときに選手たちの洗濯をしてくれている裏方の稲葉さんを高城が連れてきてくれた。

グラウンドに集合しての撮影だったが、入団してからずっと一緒にいる稲葉さんを真ん中にして記念撮影。稲葉さんとは家族ぐるみの付き合いで、自分の25年間を見守ってきてくださった方である。本当にお世話になりました。

「18番」は、横浜ナンバーというものになった。これはベイスターズの前身であるホエールズ時代からの課題だが、背番号は誇りを持って大事にしなければならない。

他球団もほぼ、18番はエース投手のつける番号であって、自分は横浜の18番もエースナンバーに押し上げたいと思ってきた。95年だったと思うが、球団に「18番をください」とお願いしたが、答えはノー。

「結果を出したらな」と言われた。その後2年くらい言い続けて、やっと97年オフに許しを得た。

そもそも、選手と球団の間で背番号に対する考え方でギャップがあった。選手にとっては、背番号イコール選手の名前が出て来るくらいの愛着があり、大事なものだ。だからこそ、自分は18番をエースナンバーに押し上げたいと思って名乗り出た。

引退会見では、「エースっていうものをめざしてずっとやって来たが、結局、自分はエースにはなれなかった」と言った。

今でもその考えに変わりはない。自分のことを「エース」と呼んでくださるファンの方もいるが、自分のなかで「エースとは？」の定義が見つからないのだ。

数字、成績の話をすれば、10勝以上、15勝くらいは挙げていなければならないだろう。それも1年ではなく、2年、3年と10勝以上続ければ、ファンの方も認めてくれるだろう。

加えてまた、プロ野球の世界では数字だけでは表せない「何か」が必要だ。こうした実績を何年も積み上げ、初めて「このピッチャーが投げて負けたのなら、仕方がない」と思ってもらえるし、その言葉の裏には「このピッチャーが出てきたのだから、今日は絶対に勝つ」といった雰囲気になる。

自己最多は12勝だ。やっぱり、エースの成績ではない。振り返ってみると、生涯成績で３２７６イニングを投げた。勝利数は、平松政次さんの２０１勝、秋山登さんの１９３勝に次ぐチーム歴代3位の１７２勝、奪三振は２４８１と歴代1位で、そのことは誇りに思っている。

それは先発にこだわり続けた証しであろう。先発登板は４８８試合。先発が出来なくなったら辞めようとも思っていた。

20 まず自分が変わることが大切

引退を表明した後、何社かのインタビュー取材も受けた。その際に受けた質問のなかに「他球団だったら、２００勝に到達していたのではないか？」なるものもあった。

「たられぱの話は嫌い。でもそれはない。他球団に移籍していたら、もっと早く引退していた可能性だってありますから。横浜にいたから25年も投げられたし、１７２勝も出来たと思う」

そう答えている。

人生は、過去にもどってやり直すことは出来ない。しかも選択の日々を生き、選びとった決断が網の目のように複雑に絡まり合っている以上、決断の一つだけを取りだして「他球団だったら」と〝もしも〟を聞かれても困る。人生は、死ぬまで現在進行形である。立ち止まって過去を振り返り、「もしも、あの時」と振り返ることはしない。しかし、「他球団だったら」と問いかける記者の気持ちも分かる。

２００勝とはプロ野球投手が名球会入りするのを許されるひとつの条件であり、達成すれば

「名投手」として世間にも認められるだろう。しかし考えたことがなかった。

振り返れば２００８年にフリーエージェント宣言し、他球団との交渉にも臨んだが、自分個人の勝ち星を積み上げたくて権利行使したわけではない。残留するかどうか、悩んでいたときも個人成績のことは考えていなかった。

他球団に移籍していたら、どうなっていたかなんて想像も出来ない。もっと早くに引退していたかもしれないし、こんな素晴らしい現役の終え方も出来なかっただろう。若手時代にしても、そうだ。大洋ホエールズにドラフト会議で指名してもらったのも一つの運命。現在の福岡ソフトバンクや読売ジャイアンツのような選手層の厚いチームだったら、チャンスをもらえなかったかもしれない。

正直な話をすれば、20代のころは、投げても投げても勝ち星がつかない時があり、どうすればいいのか分からなくなった。

「松坂大輔がいる横浜高校のほうが強いんじゃないか」なんてやじられたこともあった。

しかし、そんな時でも、前向きに励ましてくれる声援もあった。

横浜のファンの声援があったからこそ、ここまでこられた。ＦＡでチーム残留を決めたとき、自分はどんな時でも下を向くような弱い姿を見せないと決めた。

このチームは自分に合っていたのだと思う。いや、ベイスターズでなければここまでやってこられなかったはずだ。

２００勝まで「あと28勝」を残した１７２勝での引退となった。１８４敗を喫したので、１８４回、辛い、悔しい思いをしたことになる。ベイスターズでハングリー精神を植え付けてもらったから、こんなにも勝てたとも思える。それもこれも、「たとえ１９９勝で終わってもいいから、自分はもう一度優勝したい」の気持ちでやってこれたからだ。

きれいごとに聞こえるかもしれないが、ずっとそう思って投げてきた。２００勝はピッチャーにとって一つの目標とされている。それは分かる。それでも、「だが」――と思う。

２００勝を達成出来なかったからといって自分のプロ野球人生に悔いはない。ＦＡ残留して以降、自分のプロ野球人生の目標は横浜ベイスターズでもう一度優勝することに決めた。「出ていきたい球団」と言われたこの球団で、「一番行きたい球団」にしてみせる、と。そのためには、まず、自分が変わらなければならない。それが、打たれても下を向くような弱い姿を見せないことであり、それを続けていけば、後輩たちにも伝わるものがあると思った。

「選手全員が勝利という目標に向かって全員が全力を尽くすチーム環境に変えたい」

微力ながら、その目標に少しは近づけたのではないかと思っている。

人生はよくマラソンにたとえられる。人生は長丁場のレースなので、途中経過に一喜一憂することなく、ゴールを根気よくめざせと教える。その意味はよく分かる。だが、〝人生マラソン〟のゴールは一つなのだろうか。自分は違うと思う。ゴールはランナーの数だけあり、これを人生観と呼ぶのではないだろうか。

人生のゴールは自分が決めるものだ。

個人としての記録の思い出として忘れられない一つに93年から２０１５年まで23年間連続勝利、ＮＰＢ史上最多タイ記録が強く残っている。また、同時に継続されていた投手連続安打記録は更新してみせた。安打の最長記録は27年の谷繁元信、２位は25年の野村克也と山崎武司、大島康徳と並んで自分が歴代４位タイに。この投手記録がギネス新記録として認められ、８月22日に認定証をいただいた。

ありがとう!

2016-09-30

サイコーの・・・

仲間達!

ありがとう!

ヨ・ロ・シ・ク!!

打つほうは得意じゃないけど、打席でも一生懸命やったことが結果につながった。

21　息子へ

ユニフォームを脱いで一年が経った。引退した当初、これからの三浦大輔は「仕事」と「遊び」の両方で取り上げてもらいたいとも思っていた。

これは持論だが、仕事だけをずっとやっていても息切れしてしまい、結局は良い仕事が出来ない。どこかで遊び、趣味を持ってリフレッシュしなければならない。そういう気分転換も大事で、現役時代もそう思ってきた。しかし、チームが連敗しているときや自身の調子が良くないと、ファンの方から、「おい、そんなことしていないで練習しろよ」と、お叱りを受けてしまう。しっかり練習はしていた後でのリフレッシュ休憩なのだが、結果がすべての世界だから、なかなか理解してもらえなかった。

外食の際も人目を気にしていたところもあり、心底からリフレッシュ出来なかったことも多々あった。

良い仕事をするためには良い遊びをする。そのバランスが大事であると思っている。今は、ゴルフ、そして馬が自分の趣味となっている。このメリハリは野球だけではなく、サラリーマンの世界でもそうだと思う。また、引退してから野球教室に行く機会も増えたが、子供たちにはこう話している。

「練習は大事だ。うまくなりたければ練習しろよ。だけど、遊ぶことも大事で遊ぶときはしっかり遊ばなきゃダメ。学生だから、勉強もしなければいけない。そのメリハリをつけて、遊ぶときは思いっきり遊ぶ。勉強するときは一生懸命勉強すること」

同時に現役を退いた今だからこそ、しっかりリフレッシュしたいと思っている。

全力で遊ぶことの出来ない人間は、全力で仕事をすることも出来ないと思う。一事が万事とは、こういうことを言うのだろう。

引退について補足すると、セレモニーでは息子が横浜スタジアムのマウンドに立って始球式を行った。これは自分から球団にお願いしたものだった。息子は野球をやっている。最後に父親が投げてきた横浜スタジアムのマウンドに立たせてやりたかった。

「オヤジはここで野球をやってきた」と、伝えたかった。父親の見てきたマウンドの景色を見せ、野球に対して何か感じてくれればいいと思って、息子の投球をお願いした。

自分なりに考えると、息子はプロ野球選手の家族ということで良い思いをしたことも多かったはずだが、夏休みに家族でどこかに旅行に行くなど、普通の家族が経験することを知らずにここまで来た。

プロ野球界にとって、夏休みはシーズン中。プロ野球観戦を楽しみに家族で球場に来てくださるファンのために頑張らなければならないときである。夏休みにどこにも連れて行けなかった分を取り戻そうと、オフシーズンにまとめて家族旅行に出かけていた。

その息子が「少年野球チームに入りたい」と言ったときは嬉しかったが、心のどこかでいつも家族に迷惑をかけていると感じていた。

女房がこう言っていた。

「アナタはいいのよ、あなたは三浦大輔っていう子供のままでずっと野球をやってきたけど、この子は『三浦大輔の息子』ってことが常につきまとうの。しかも、同じ野球をやって」

プロ野球選手の息子ということで、変なプレッシャーもあったと思う。普通の家庭の子供なら、純粋に野球を楽しめたのにそれが出来なかったかもしれない。

それでも続けたのだから、息子も野球が好きなのだろう。色々、苦労をかけてしまった。その償いと言ったら大袈裟かもしれないが、最後に父親が見てきた光景、横浜スタジアムのマウンドに立たせた。

父親の職場はどう映っただろうか。

同じ光景を見て何を感じたのかは分からないが、この先野球を続けるにしても、別の職業に進むとしても、プラスになってくれればいいいと思っている。

サンキュー!

2016-10-10

来週も･･･

ユニフォーム･･･

着れる!

みんな･･･

サンキュー!

ヨ･ロ･シ･ク!!

◉三浦大輔25年の軌跡　年度別全投手成績

年度	所属球団	登板	勝利	敗北	投球回	防御率	チーム順位
1992	横浜大洋	1	0	0	2	0.00	5位
1993	横浜	15	3	3	60　1/3	3.43	5位
1994		17	2	2	47　2/3	4.34	6位
1995		25	8	8	147　2/3	3.90	4位
1996		34	5	10	131　1/3	4.93	5位
1997		26	10	3	142　1/3	3.35	2位
1998		25	12	7	158　2/3	3.18	優勝
1999		30	9	10	175	4.27	3位
2000		24	11	6	164　2/3	3.22	3位
2001		26	11	6	168　2/3	2.88	3位
2002		19	4	10	119　2/3	3.23	6位
2003		15	5	5	101　1/3	4.09	6位
2004		22	6	8	144	4.25	6位
2005		28	12	9	214　2/3	2.52	3位
2006		30	8	12	216　2/3	3.45	6位
2007		28	11	13	185　1/3	3.06	4位
2008		21	7	10	144	3.56	6位
2009		28	11	11	195　1/3	3.32	6位
2010		16	3	8	79　2/3	7.23	6位
2011		18	5	6	111　1/3	2.91	6位
2012	横浜DeNA	25	9	9	182　2/3	2.86	6位
2013		27	9	13	175　2/3	3.94	5位
2014		15	5	6	94　2/3	3.04	5位
2015		17	6	6	98	4.13	6位
2016		3	0	3	14　2/3	11.05	3位
	通算	535	172	184	3276	3.60	——

タイトル ―――――― 最優秀防御率（05年）、最多奪三振（05年）

第三章

分水嶺

1998年の日本一を越えて

22　1998年の奇跡

1998年10月8日、横浜ベイスターズは甲子園球場で38年ぶりのリーグ優勝を飾った。前日が雨天中止となったため、権藤博監督（当時）は8日の先発する予定だった斎藤隆さんをスライドさせる必勝態勢で臨んだ。

同年のベイスターズはマシンガン打線と称された打撃陣が好調で、チーム打率は2割7分7厘、1試合平均の得点は4・72点。投手陣も充実しており、先発の斎藤さん、野村弘樹さんが13勝、次いで自分が12勝、川村丈夫さんも8勝を挙げている。

本塁打数こそ少ないが、途切れずにヒットを量産していくマシンガン打線のおかげで、投手陣は「多少の失点があってもすぐに取り返してくれる」と前向きになれた。

「この窮地を踏ん張れば、打線が逆転してくれる」と投手陣は思い、打線は粘ってつないで、信じられないような逆転劇も演じてくれた。1点でもリードしていれば「勝てる」と思えたのは、9回の最後に出てくる絶対的な守護神・佐々木主浩さんが控えていたからで、鋭いフォークボールで対戦バッターをきっちり抑えてくれた。

「佐々木さんにつなげ」がチーム全体の合い言葉になっていた。

この日も先発の斎藤さんが粘り強く投げ続け、8回表に逆転すると、権藤監督は9回ではなく、8回裏から佐々木さんを投入した。勝負師としてのカンだろう。「ここで一気に勝負を決める」と判断した。

9回も佐々木さんが0点に抑えて、ゲームセットと同時に、自分たちは声にならない雄叫びを上げ、マウンドで抱き合う佐々木さんと谷繁さんに向かっていった。自分は歓喜の和に溶け込んでいて分からなかったが、のちに聞いた話では、権藤監督はベンチでうずくまったままましばらく動けないでいたという。

「私は選手の力でここに立っているだけです。この38年もの間、監督、コーチをされた方、プレーされた選手、全ての人たちの思いがこの1試合に凝縮されたと思っています」

権藤監督のインタビューが響き、スタンドから大きな歓声が沸いた。

この興奮が優勝の光景なのか……。自分は野球を始めたころから大きな大会で優勝したことがない。身震いする感動が腹の底から熱くガンガン湧いてくる。

鳥肌が立つ。歓喜の声が身体中を覆う。これが優勝なんだ！

午後10時40分、宿舎ホテルの地下駐車場で用意されていたビールかけが始まった。読売ジャイアンツから移籍して来られ、キャプテンを務めていた駒田徳広さんが「冷てえ～！」と叫ぶ。自分は鈴木尚典さんと一緒にプロレスラーのグレート・ムタのペインティングを施し、はしゃぎまわっていたが、駒田さんの「冷てえ」発言は、ベイスターズが優勝からいかに長く遠ざかっていたことかを物語っていた。ビールかけ用のビールは冷やしてはならないそうだ。常温のビールでなければ体が急激に冷えて風邪をひいてしまう。ジャイアンツで何度も優勝してきた駒田さんはそのことを知っていたのだが、後の祭りである。全員が秋の寒空でビールの冷たさに震え上がった。

でも、思った。優勝とはなんて気持ちの良いものだろう。選手は年齢に関係なく、監督、コーチ、球団スタッフ、経営トップのオーナーまでが一緒になってはしゃいでいる。厳しい練習も、勝てない時期に浴びせられた罵声も吹っ飛んでしまった。

「もののけの類がついている」

優勝を決めた年、シーズン途中に権藤監督の口からそんな言葉が出た。

同年7月15日の巨人戦、大乱打戦となった。9対12で迎えた8回裏、1点を返した後、佐伯貴弘さんに打順がまわり、ライトフライに倒れたと思いきや、巨人の槙原寛己投手にボークが宣告された。打ち直しである。その打ち直しで放たれた打球はライトスタンドへの同点2ラン。権藤監督が前年7月に公開された映画タイトルから取って、「もののけが」と言うのも無理がないくらい、神がかっていた。優勝するチームにはそんな神がかり的な勝ちゲームがあるらしいが、この年で運を使い果たしてしまったかのように、ベイスターズは奈落の底に突き落とされてしまう。

翌99年、マシンガン打線がさらに進化し、チーム打率は2割9分4厘まで跳ね上がった。チーム打率がほぼ3割、クリーンアップを張るバッターの打率に匹敵するのだから、本当に凄い。当時の日本記録だった。しかし、投手陣は台所事情が苦しかった。佐々木さんと左のエースである野村さんが離脱し、チーム防御率は4点台半ばまで跳ね上がった。打撃陣からすれば、「いくら得点を挙げても投手陣が……」の心境で、投手陣からはこれに反発する声も出始めた。すぐに、溝のようなものが出来てしまった。

ベンチの雰囲気は悪くなり、チームも低迷した。一緒に喜んだ横浜のファンからも厳しい罵声を浴びせられるようになり、観客動員数も激減した。追い打ちをかけるように、監督、コーチ陣との衝突も報じられた。

長い暗黒時代へと入ってしまうのだが、まだ自分も若かった。チームの雰囲気が悪くなっていくのを、ただ見ているしかなかった。

不平不満、現場とフロントの衝突が絶えない野球環境に耐えかね、何度も爆発しそうになった。

チームの暗黒時代とは、「自分自身を変え、悪い環境を変えてみせる、強いチームを倒してもう一度優勝するんだ」と前向きになるまでの期間でもあった。

23 FAの決意と覚悟

自分の話をすると、フリーエージェント宣言をし、阪神タイガースと交渉をした。破格な年俸提示をしていただいた。

自分のつけていた背番号18も、在籍選手の背番号を変更して空けてあると言われた。何回か交渉をさせていただき、「長く在籍してきた横浜に残るか、それとも、子供のころから好きだった阪神に行くべきか」と悩んだ。

野球を始めるきっかけが父親だったので、「阪神に移籍するのも親孝行なのかなあ」と傾いたりもした。

ブログもやっていたので、ファンの声にも直接目を通した。

「横浜に残ってほしい。絶対に残ってくれ」

「三浦さんの野球人生なので、阪神に行っても頑張ってください」

「阪神にきてくれ」

「横浜の三浦をやっつけたいから残ってくれ」

いろいろな声が毎日のように届いた。

正確に数えたわけではないが、それこそ何千通とメッセージが届き、最終的に残留を決断した。今までの野球人生を振り返ってみたら、自分は常に強いチームには縁がなかった。弱いチームで必死に頑張っていた。フリーエージェント宣言した2008年、阪神は2位。04年に優勝して以来、ずっとAクラスをキープしていた。ベイスターズは言うに及ばず、だ。大阪にもたくさんの知人がいて、「こっちに来るんだろ?」と言われたが、これからも強いチームに挑んでいくほうが自分らしいと思って決断した。

人生は割り切れない。どちらを選択しても、「これでよかったのだろうか」という迷いが生じる。壁にぶつかれば後悔もするだろう。それが分かっているだけに、岐路に立って悩む。しかも、阪神か横浜かは、選ぶことによってその後の人生も大きく変わってくる。となれば、最終的に何を基準にして選ぶかという問題になってくる。自分は、「自分らしい決断はどっちか」という視点で選んだのである。

当然、阪神には直接出向いて、お詫びを伝えた。電話で断って済むことだったのかもしれないが、直接伝えるべきだと思った。

「わざわざ大阪まで来なくても良かったのに……」

そう言っていただいたが、直接会って頭を下げることでケジメをつけたかった。

24　ファンが残留への背中を押してくれた

旧横浜球団との残留交渉はフリーエージェント権を行使する前から始まっていた。下交渉というやつである。金額の提示もあった。

「ありがとうございます」

こちらはそう頭を下げて、それ以降金額の交渉はしなかった。チームを改革してほしい。今までも訴えてきたが、言い続けるしかないと思った。球団の問題点、自分の感じた疑問を全て話し、「優勝したい、チームを強くしたい」と思いを伝えた。交渉担当者から返ってくるのは「強くしようとしている」の言葉だったが、「自分にはそうは見えない」と反論して、チーム改革の必要性を言い続けた。フリーエージェントの権利を行使するか否かにも期日がある。その期日内に残留したいという気持ちになれなかったため、権利行使した。この時点では残ろうとする気持ちはゼロに近かった。

今だから言えるが、旧球団は将来の指導者着任も残留の条件に言ってきた。指導者になれるかどうか将来を不安に思って権利行使したのではない。チーム改革について建設的な話し合いが出来ず、苛立っていたせいか、

「そのことを契約書か、サイドペーパーに書けるんですか」

と、聞き直した。

「いや、それは分からない。書けない」

交渉担当者を困らせるつもりはなかったが、自分が残留したいという気持ちになぜなれないのか、それが伝わらず、悔しかった。いろいろな思いも交錯した。

どうやったら、チームが強くなれるのか。強くするつもりがあるのかどうか。そういう前向きな姿勢、方向性を感じられないから問題点を挙げて提議しているつもりなのに、こちらが満足のいく回答は一つも得られなかった。

自分の野球人生だ、一個人として他球団でやるのも悪くないかもしれない。チームの看板に守られるのでなく、「プロ野球選手の三浦大輔」で戦ってみたいとも思い始めていた。阪神タイガースと旧横浜ベイスターズ、両方の話を比べられる。他球団の評価を聞けるのがフリーエージェントの特権だ。しかし、ずるずると交渉を長引かせるのは良くない。「11月いっぱいで決断する」と、自分自身で線引きをした。

同年11月23日、横浜スタジアムでのファン感謝デーが行われた。「ベイスターズに残るのかどうか」で揺れていた時期だが、自分は「出る」と決めていた。ファン感謝デーはその名の通り、1年に一回、応援してくださったファンに、選手、球団が感謝の思いを伝える日だ。ファン感謝デーを欠席するという選択肢はなかった。

たとえこの先、「チームを出る」と決めたとしても、1年間応援してくださったファンにお礼を伝えなければならない。そう思っていた。同日、行く先々でファンの方々に囲まれた。三浦コールまで沸き起こった。こんな自分をここまで愛してくださり、感謝の気持ちでいっぱいになった。

「たしかに大変だけど、このチームを何とか建て直して頑張るほうが三浦大輔らしいのかな……。具体的な話は聞かれなかったけど、球団は努力すると言っていた。少しずつだけど、変わりつつあるのかな」

ファン感謝デーで背中を押してもらえたような気がする。

何のために野球をやっているのか、そんなことも最後に考えた。今、こうして野球が出来るのはファンのおかげだ。さらに付け加えれば、自分は野球が好きなのだ。好きだから、続けている。好きだから、野球環境がもっとよくなればと思っている。もっと言えば、負けたくない。勝ちたいと思っている。「勝ちたい」の気持ちがあるから練習して自分を高めていく。それを貫いていくと、最終的にチームのためにもなる。

それがまた、ファンの声援に応えることにもなる。「勝ちたい」の思いがたくさん集まれば、チームもきっと好転する。優勝という一つの目標にチーム全員が向かっていくはずだ。

勝ちたい。結果は大事だ。しかし、勝敗が全てで「勝つ」だけでお客さんが喜んでくれるのなら、プロ野球は勝敗を告げるスポーツニュースだけで成り立ってしまう。

それまでのプロセスも含めて、両チームがぶつかり合う攻防を見せるのがプロ野球の醍醐味だと思う。ファンの皆様に感情移入してもらえるような試合をする。真剣勝負を続けていけば、きっと、お客さんも「ベイスターズの試合を観たい。また観に行こう」と思ってくれるはずだ。

そして、球団のスタッフとも何度も話し合い、考えて考え抜いて辿り着いた答えが残留だった。

「強いところを倒して優勝したい」

決めたら、迷わなかった――。

長くかかったが、今では「フリーエージェントでDeNAに行きたい」と話す選手もいれば、アマチュア野球の選手が「DeNAに入りたい」と言ってくれるようになった。「DeNAベイスターズ良くなったね～」と言ってくれるのは嬉しい。横浜スタジアムを見渡すと、ビジターチームのファンも詰めかけてくる。

広島戦ならレフト、三塁側のスタンドがカープのチームカラーの赤に染まっている。ライト、一塁側がDeNAのブルーで染まる。そして選手たちに声援を送る。10年ぐらい前では考えられない光景だった。プロ野球を楽しんでくれている。そういうDeNAの試合を観て、嬉しく思うのだ。

25 黙って自分の仕事をこなす

先発投手の責任イニングを投げきり、7回、8回、9回の試合終盤で痛打を食らい、最少失点で負けた試合もある。味方打線は得点を挙げようと必死に頑張っている。結局、自分と相手投手は得点を与えまいとして踏ん張り、踏ん張りきれなかった自分が悪いのだ。

マウンドでどんなに頑張っても得点は挙げられない。それと同じで、味方打線がどんなに打っても、相手チームをゼロに抑えることは出来ない。攻守、投手と野手の信頼関係で野球というスポーツは成り立っている。お互いに信頼し合ってやっていくしかない。自分は自分の仕事をする。それしかないのだ。

近年、クオリティ・スタート（QS）なる投手の能力をはかる新基準も定着した。先発投手が責任イニングとされる6回までの自責点を3点以内に抑えるのをそう呼ぶのだが、それは一つのデータであって、チーム全体の戦力をはかるものではない。

「ピッチャーは」と言うべきか、それとも、自分が思い描く「先発投手は」と言うべきか、マウンドに上がるときは〝テッペン〟をめざしている。完全試合、それも、27球で試合を終了させる究極のパーフェクトゲームをだ。それで四球を出してしまったら、ノーヒットノーランに切り換えて、ヒットを浴びたら、完封。失点したら完投。途中交代なら勝ち星と、目標を変えていく。「今日は3点以内に抑えて」など、点を取られることが前提の消極的な気持ちでマウンドには上がらない。プロ野球の世界はそんなに甘いモンじゃない。

配球の妙、駆け引き、コントロール、ボールのキレ、スピードなどあらゆる武器を駆使し、その技術を高めていかなければならない。自分が「調子が良い。今日はイケる」と思っていても勝てない日もある。

勝てる投手になるには、どうすればいいのか。早くその日の試合の空気に慣れることだと自分は思う。現役時代、コーチによく注意されたのは、立ち上がりの悪さだった。試合全体を見れば好投したと言えるのに、初回にいきなり失点するケースのことだ。

「ブルペンでもっと投げ込んでから試合に臨め」

コーチからそんなアドバイスもいただいたが、いくら投げても克服出来なかった。どんなに投げ込んでも、ブルペンと試合とでは、感覚が違う。試合では、対戦バッターと対峙するが、ブルペンは捕手を相手に投げ込むだけだ。この感覚、マウンドから見る光景の違いが試合序盤の調子を狂わすのだと思った。いかにして早く、対戦バッターのいる試合の空気、光景に慣れるかが大事だ。ピッチャーとは繊細であり、こういうメンタル的な課題もある。

自分の仕事をこなす。一見簡単そうだが、やるべきことはたくさんある。他のことに気を取られている暇はない。

26 バッテリーの相性は洞察力がすべて

谷繁さんが移籍されて以来、バッテリーを組むことが多くなったのは相川亮二だ。

3歳年下で寮生活を過ごした時期も一緒だった。登板前、その亮二とスコアラーのまとめたデータを見ながら、「どうやったら、対戦バッターを抑えられるか」を話し合ってきた。チームの大黒柱であり、斉藤明夫さん、遠藤一彦さんの両ベテランから配球を学んだ谷繁さんの喪失は痛手だった。谷繁さんも若手時代、叱られながら配球を教えられたそうだ。大洋、横浜と続くチームの伝統を伝授された大黒柱であり、リーダーシップも取れる名捕手を失ったのだから、その後を次ぐ亮二の苦労は並大抵ではなかった。その亮二と自分が２００４年のアテネ五輪・野球代表に選ばれた。そこで、意見をぶつけながら外国チームの対策を講じることが出来た時間は貴重なものとなった。

バッテリーにおいてキャッチャーは「女房役」と言うが、その守備能力をはかる、補逸、盗塁阻止率など、投手を助けたかどうかで見るものだ。２０１７年、規定打席に到達したキャッチャーは、東京ヤクルトスワローズの中村悠平と読売ジャイアンツの小林誠司の２人だけだ。パ・リーグにいたってはゼロだ。

故障、選手の過渡期などいろいろな事情もあったのだと思うが、昨今では先発投手との相性でスタメンマスクを代える複数制も珍しくなくなった。

谷繁さんがレギュラーとして定着されたころ、自分も試合でボールを受けてもらったことがあるが、本当に学んでばかりだった。最初のころ、谷繁さんの出すサインを見て、

「えっ、ここでこの球種？　なんでここでインコース？」

と配球の意図が分からなかった。

谷繁さんが出すサインの意味が分からないまま、投げていたが試合を重ねるにつれ、少しずつ分かるようになった。

相手バッターが空振りするのか、見送るのか、それとも手が出せなくて見送ったのかをしっかり洞察して、次のサインを出す。

谷繁さんのリードの意図が分かると、投げるのが楽しくなってくる。そうやって谷繁さんから学んだものが財産となった。しかし、財産と言えるようになったのは後のことであり、亮二と必死に「ああでもない、こうでもない」と話し合ってきたから、配球と呼べるものが出来たのだと思う。

谷繁さんは厳しい先輩であったが、自分が間違えたときは「俺が悪かった。スマン」と投手に謝ることもあった。

こういう一面が後輩投手の信頼にもつながっていったと思う。亮二とは言いたいことを言い合って、ともに成長してきた。バッテリーに大切なものはコミュニケーションと言われるが、その方法は何パターンもあるようだ。

その谷繁さんが中日に移籍されたあと、

「大輔が18番を背負うピッチャーになるとは……。性格は負けず嫌いで研究熱心。ただちょっと臆病なところもあって、『もっと大胆に行け』と怒ったこともあった。今はアイツとの対戦が楽しみです」と言われたときは嬉しかった。

そのあと何度も、18・44メートルの距離をともにした人間にしか分からない無言の対話も楽しんだ。

27 努力を続けていたら誰かが見てくれている

2017年7月6日、ベイスターズと北海道日本ハムファイターズの間で交換トレードが成立した。左腕強化でエドウィン・エスコバー投手を獲得するため、捕手の黒羽根利規を放出した。黒羽根は２０１４年、１０９試合に出場している。一軍での出場機会は減っていた。ファームでは西森将司との併用だったものの、打率は2割7分5厘と成績を残していた。しかし、一軍は戸柱恭孝、髙城俊人、嶺井博希でほぼ固定されていたため、一軍公式戦への出場は果たせないでいた。

自分がアメリカのメジャーリーグ施設を視察していたとき、その黒羽根から電話がかかってきた。日本との時差があったため、電話には出られなかった。気づいて目は覚めたのだが、寝ぼけていてスマホの受信画面をタッチ出来なかったのだ。朝になって、着信を確認した。黒羽根から電話が入っていたのが分かり、ピンと来た。「トレードの報告だな」。黒羽根のトレード話は薄々聞いていた。アメリカの朝は、日本では夜の時間帯だ。時差を計算し、改めてこちらから折り返した。

「いいきっかけにしろ。今までの経験を生かしてチャンスだと思って頑張れ」と伝えた。

自分の引退試合では髙城をスタメン捕手に指名させてもらった。プロ１年目の２０１２年、開幕戦は二軍で迎えたが、夏場に昇格して45試合に出場した。翌13年は開幕マスクの大役も務めた。その後、出場機会に恵まれなかったが、試合中にメモを取るなど一生懸命に勉強していた。二軍に落とされてからも腐ることなく、努力を続けていた。頑張っていて結果を残している戸柱も考えたのだが、髙城を選ばせてもらった。努力を続けていれば、誰かが見てくれている。ありきたりな言葉だが、本当にそうだと思う。

ダイヤは道端に落ちていても眩しく輝いている。拾い上げてもらうには、まず自分を磨き、輝やかせ、光を放たなければならない。これを努力と言う。

そして——ここが大事なところだが——努力する人間はクサらない。登山と同じで、頂上を仰ぎ見て登っていく人は弱音を吐かないが、頂上という目標を持たない人は、登っていくことに意味を見いだせず、不満を口にすることになる。高城は光っていた。

谷繁さんが自分たちにアドバイスをくれたように、自分も若手捕手にアドバイスするようになって、髙城に何か残してやりたいと思った。

気がついたら、ベテランと呼ばれる年齢になっていた。若手から「どうすればいいんですか」とアドバイスを求められるようにもなり、チーム全体がレベルアップしなければ優勝出来ないから、惜しみなく教えてやりたいとは思う。しかし、「こうしろ」とは言わない。指図をするのも好きではない。

「俺はこう思うよ。後は自分がどう感じてどう動くかだと思うよ」と言う。

自分が若手だった時代、先輩のピッチャーが教えるという場面はほとんどなかった。斉藤明夫さんや遠藤一彦さんの姿を見て勉強するのが当たり前だった。

今のベイスターズは20代の若い選手が多い。彼らの長所は練習熱心で、まず自分からさらに高い成績を残すために何をしなければならないのかを考え、行動している。その後で足らない部分を補うため、あるいは、迷ったときにアドバイスを求めてくる。

プロフェッショナルの野球選手である以上、お客さんに「凄い」と言ってもらわなければならない。プロがプロであり続けるためには、やはり、練習するしかないのだ。かといって、ガムシャラにやればいいというものでもない。

「なぜ、この練習が必要なのか。何の目的でこの練習をしているのか」を理解し、効率よくやらなければならない。若い選手たちはプロ野球生活を積み重ねていくにしたがって、より質の高い練習を効率的に行う方法も習得していくだろう。プロ野球生活において、何が必要かと聞かれれば、練習と工夫、明確な目的を持つことだろう。

28　リーゼントで自分を貫く

トレードマークとして、三浦大輔の髪形は「リーゼント」で覚えてもらった。ルーキーイヤーからこの髪形にした。その髪形のおかげで、「ハマの番長」と呼ばれるようになった。入団して2年目か、3年目の沖縄キャンプ中、スポーツ新聞の記者から、

「ねえ。バイク、好き?」

と聞かれた。好きだったので「ハイ」と答えた。すると、宿舎ホテルに戻ったら、バイクに跨《また》がっているところを撮影したいと言われた。

練習後、宿舎に戻ると本当にオートバイが置いてあった。「乗ってくれ」と促され跨いだ。パシャパシャとシャッター音が響いて、今度は「バックミラーを直して」と言われ、またパシャパシャと撮影された。

「お疲れさま」

いったい何の取材だったのか分からなかったが、翌朝のスポーツ新聞を見て腰が抜けそうになった。「昔は単車で140キロ、今は速球140キロ」。当時はリーゼントパーマをかけていたので、これでは完全に暴走族だ。その記事の影響で、タイヤ引きのダッシュ運動をしている練習写真にも、「ハマの番長」の見出しがつけられた。当時は本当にカッコ悪いと思った。だいたい、番長なんてアダ名は時代遅れだと思っていた。それが受け入れられるようになったのは、小さな女の子のひと言だった。

街なかで、「あっ、ハマの番長」と言われた。

「もう、無理だな……（笑）」

プラス思考に捉えるようになった。当時、「ハマのなんとか」のニックネームは、佐々木主浩さんの「ハマの大魔神」だけだった。その佐々木さんと同じように、「ハマの番長」と呼んでもらい、覚えてもらえたのなら、これはこれで光栄なことではないか。

今では暴走族記事も、笑い話である。そもそも、リーゼントにした理由は反動と憧れだった。野球をやっていたから、高校までずっと坊主頭だった。尊敬するのは、矢沢永吉さん。エルビス・プレスリーにも憧れ、学生時代に流行した漫画『ビーバップ・ハイスクール』にも強い影響を受けた。

プロ野球選手でリーゼントの選手はいなかった。パンチパーマはいたが（笑）。「リーゼント＝三浦大輔」で覚えてもらえるかもしれないと思った。

しかしコーチに、

「なんだ、その髪形は？　切ってこい！」

と怒鳴られた。

「切りません」

外見、格好で判断されるのが嫌だった。素直に聞き入れておけば、監督、コーチの印象も良かっただろう。しかし、勝っていれば文句は言われない、として、懸命に練習した。

あるとき、練習に遅刻した時、物凄い剣幕で怒られた。自分が悪いから文句も言えない。すると、「髪を切ってくるか、罰金を払うかどちらかにしろ」と言われたので、迷わず、「罰金を払います」と答え、コーチには呆れられた。

貫き通せば、トレードマークにもなる。

29　何か役に立つことはないか

2007年11月、第9回ゴールデンスピリット賞をいただいた。報知新聞社制定でプロ野球人の社会貢献活動を表彰するもので、2年ほど前から横浜市内の小学校を訪問し、子供たちと語り合う活動を評価していただいた。自分は呼びかけただけで、それに選手会や球団が協力してくれた。つまりみんなでいただいた賞だ。

活動において心に残る一番の思い出は、この年の3月20日、メイク・ア・ウィッシュを介して知り合った急性リンパ性白血病と闘っている緒方大和くんとの出会いだ。大のベイスターズファンで、活動の合間にキャッチボールをしたり横浜スタジアムで一緒にリリーフカーにも乗ったりと思い出がいっぱいあった。難病にもかかわらず、笑顔がとてもよく、夢を持って明るく生きる大和くんに心を打たれることが多く、逆に「頑張ってください」と励まされることもあった。しかし、知り合って半年後の9月17日に病気が悪化してわずか7歳で帰らぬ人となった――。

活動を始めたきっかけは、エイベックスとマネジメント契約を交わしたころ、何か世の中の役に立てることはないかと相談させてもらった。というのも、自分はプロ野球選手の社会貢献活動をもっと深める必要があると考えていた。シーズンオフに野球教室などを行ってきたが、ペナントレースが始まるのと同時にやめてしまう。

メジャーリーガーたちはシーズン中もボランティア活動を行っており、それを見習って自分たちの出来ることを模索すれば、ファン拡大にもつながると思ったからだ。

「昼間、学校で話をしたプロ野球選手が、テレビをつけたらプレーをしている」「新聞に出ていたあの選手と握手をしたことがある」となれば、プロ野球に興味を持ってくれると思った。

また、この学校訪問の目的は野球の普及というだけではない。夢、将来の目標を持ち、それに向かって頑張ってほしいというエールだった。野球人としての経験談、サッカーが大好きな子供なら、それをサッカーに置き換えて聞いてもらい、「自分も頑張ろう」と思うきっかけになってほしい。

夢を持つこと、目標に向かって頑張ることの大事さを知ってもらいたい、と思う。実際に学校の教室に入って、「将来、やりたいことがある人は?」と聞くと、手を挙げるのはだいたい半分くらいだ。まだ決まっていない子はいろんなことにチャレンジしてほしい。そこで自分の夢を決めてほしい。強要はしない。

考えられない、まだ分からない時期もある。将来について考えるきっかけになればと思い、経験談を話す。自分は、父親が野球好きでキャッチボールをやっているうちに「面白い」と思うようになり、気がついたらのめり込んでいった。

奈良県高田商業高校時代、自分は甲子園出場という目標があったが、一年生の時、自分の至らなさで周りに迷惑をかけた。そして反省して目標に向かって走り直した。

しかし、夢は叶わなかった。叶わなければ失敗かと聞かれれば、それは違うと断言出来る。その過程で学べるものはたくさんあり、のちの人生の財産となる。その目標に向かって頑張っていた先にプロ野球があった。

運動神経が良くないからといって、走るのが速くないからといって、自信がないからといって始める前から諦めてしまうのも良くない。これからも可能性を伝える活動は出来るだけ続けていきたいと思う。

今、ベイスターズの選手もシーズン中のファンサービスには積極的だ。月一回、現場とフロントが話し合うミーティングで出来ること、出来ないことを整理し、また、出来ないことはどうやったら実現可能になるのかを考えている。若い選手には子供たちと語り合う活動を勧めたい。子供とはいえ、ファンの前で自分の考えを伝えることは勉強にもなる。プロフェッショナルの野球人として素晴らしいプレーをすることが一番だが、感じたこと、考えていることを伝えないといけない。

プロ野球に限らず、プロスポーツ選手は見る側に夢を感じてもらう職業だ。そのことを一番に考えれば、もっともっと「上」をめざすようになるだろう。

30　引き出しの数を増やす

31歳で迎えたシーズンに投手タイトルを初めて獲得した。最高勝率の表彰はあったが（97年）、獲得した防御率と奪三振のタイトルは自分には縁のないものだと思ってきた。

とくに奪三振のタイトルは、自分でも驚いた。シーズンを迎えるにあたって自分が掲げていた目標は、1年間を通じてローテーションを守り抜くこと。

それまでも「守る、守る」と言いながらも果たせずにいた。だから、乗り越えられなかった壁を一つ乗り越えたかなと感じた。

しかし、冷静に振り返ってみると、〝らしくない〟奪三振の初タイトルの獲得にも理由があった。1年間を通して先発ローテーションを守り切れば、おのずと投球イニング数も200を超えてくる。イニング数が増えたことで、奪三振の数もそれに付いてきたのだろう。

1年間を通じてローテーションを守りきるため、少しだけ変わったことに挑戦した。新たな変化球の習得に挑戦した。右打者の内角を攻めるシュートを覚えた。

自身の投球に幅を広げるためだ。厳密に言うと、20代のころ、シュート習得に挑戦したことがある。だが、どうもうまくいかず、いったん、「自分の引き出し」に仕舞い、その時点で投げていた持ち球の精度を磨くことにした。ブルペンでの投球練習で余裕のあったとき、遊びで投げてはいた。

ただ、実戦で通用するレベルではなかったので引き出しに仕舞ったままだった。

再挑戦しようと思ったのは、先発ローテーションを1年間守るという目標達成のためだが、シュートは右バッターの体に近づいていくボールなので、1球で打ち取る可能性も高くなる。1球でアウト一つ稼げれば球数も少なくなる。

キャンプ中、投手出身の牛島和彦監督（当時）に握り方を見てもらうなど、直接指導も仰いだ。オープン戦で試運転をしてその年のペナントレースで投げ始めたのだが、「引き出し」は大切だと思った。

シュートは有効な変化球だが、人によって合う、合わないがある。年齢的なもので合う、合わないもある。調整方法にしてもそうだ。

若手時代、斉藤明夫さんや遠藤一彦さんといった大ベテランの先輩を見るだけで、勉強になった。

もう30代半ばも過ぎたのに走り込みの量も多く、短距離のダッシュ運動をさせても、年齢を全く感じさせないスピードがあった。

「やっぱり、プロは凄いなあ」と感心させられ、同時にどんな練習をしているのかを見て勉強になった。20代と30代では練習内容も異なってくるが、先輩たちが良いものと思ってやっている内容を見て、自分なりに今の練習メニューを考え直す機会にもなった。

勧められた練習メニューが合わなかったものもあった。しかし、今でも良かったなと思うのは、右から左に聞き流すのではなく、一度挑戦してみたことだ。実際にやってみて、合う、合わないを判断した。合わなかったものも経験として、「引き出し」に仕舞うことが出来た。

野球に限らず、人生にムダは一つもないというのが、自分の経験から得た結論だ。

他人が語ってくれる経験の一つひとつ、あるいは成功談や失敗談、ノウハウ、人生哲学……等々、人間関係を通じていろんな話が自分を通り過ぎていく。その話を耳にしたときに、そのときの価値観で「俺には関係ない」と聞き流すか、「へぇ、そんなこともあるのか」と〝引き出し〟に放り込んでおくかで、その後の人生の幅は大きく違ってくる。

年齢を重ね、あるいは境遇が変わったときに、

（そういえば、こんな話があった）

と参考になることがよくあるからだ。

年齢と共に、体の疲れ方も変わり、投球内容も変えざるを得なかった。誰もがみんな、年を

取り、ベテランと呼ばれる日が来る。そのとき、引き出しが空っぽだったら、変われない。引き出しは多いほうが良い。野球以外のスポーツ選手、アスリートの考え方や、ある分野で成功された人の本は興味深い。何か良いもの、他人にはないものを持っていて、努力もされている。また、努力と言ってもただ単に頑張るだけではなく、目標の立て方もうまい。

自分はプロレス好きなのでプロレスラーの方たちとも交流があるが、彼らはリングに上がる直前までの緊張感や気持ちをコントロールし、自分をアピールする方法を常に考えている。引き出しの中身を増やす方法、引き出しの数を増やす方法はいくらでもあるのだ。

31 「成功の仕方」はたくさんある

何度も話してきたことだが、矢沢永吉さんのようなスーパースターになりたい、永ちゃんみたいに成り上がりたいと思ってきた。スーパースターとは、ファンから愛される存在だと思っている。「夢」を与えるとか大それたことではなく、その人の活躍や頑張る姿を見て、何かのきっかけになったら……。

野球で言うと、プロ野球選手に憧れている子供が自分のプレーやベイスターズの試合を見て、「いつかなりたい、なってみせる」と思ってくれたら嬉しいし、同世代の人たちが「三浦大輔がまだ頑張っているんだ。俺たちも」と思ってくれたら最高である。観る人の何かのきっかけになってくれたらの思いで頑張ってきた。

自分は１６０キロ近い剛速球を投げられるわけでもない。対戦バッターをきりきり舞いさせるような凄い変化球があるわけでもない。

「俺も苦しんでいるよ、もっと凄い選手もいるし、立派な人もたくさんいる。俺は俺なりに必死に頑張っていて、もがきながら、苦しみながらやってきたんだ。こんな俺だって出来るんだから、みんなも……」

そう思ってきた。アマチュアの野球選手と話をする時も、「剛速球が投げられなくてもプロに行けるんだ。速いボールを投げられたらたしかに武器にはなるが、なくても出来るんだ。可能性はいっぱいあるぞ。諦めるなよ」と伝える。

考え方によって「成功の仕方」はたくさんある。ベイスターズの若い選手にも話したことだが、登山をイメージしてほしい。山頂をめざして挑戦する。失敗する。何回も挑戦し直す。挑戦をし続けることも大事だが、登山路を考え直してみろと言ってきた。

「ちょっと考えて、東側から登ってみる。西側から登り直してみる。今度は北、南、裏道を探してみる。もしかしたら、新しく見つけた道なら、登れるかもしれない。最終的にどの方向からでも、頂上という目標に辿り着けばいいいんだから」

くじけず、挑戦を続ければ、きっと自分に合った頂上に続く登山路が見つかるはずだ。そのための努力さえ惜しまなければいいのだ。

5年で登山路を見つけられる選手もいれば、10年かかる選手もいるかもしれない。プロ野球人生を5年で終えてしまう選手もいれば、20年以上続けられる選手もいる。怪我で諦めなければならない選手もいる。努力は次の人生でも絶対に無駄にならない。

「諦めるな、他にやり方があるんじゃないか?」

努力している選手に対しては、球団は絶対に見ている。このチームで結果が出なかったとしても、他球団の編成スタッフは見ているものだ。解雇を通達されてから慌てても遅い。努力を続けていれば、必ず誰かが見てくれている。

第四章

横浜愛

2013年1月14日の決意

32 「目立つこと」「欲を持つこと」「練習あるのみ」

プロ野球選手は二軍選手でも高額な年俸がもらえる。そこに満足してしまったら、成長はない。プロ野球は子供のころに憧れた職業であり、なりたい一心で辛い練習にも耐えて、ようやく叶った夢でもある。

全国高校野球連盟の加盟校硬式野球部に所属する高校球児は16万1573人（2017年）、うち三年生は5万3359人。大学野球は約2万人、社会人野球は約1万人。ドラフト指名可能な約7万人。そのなかから実際にドラフト指名された球児は82人（育成枠選手を除く）。プロ野球選手は、物凄い競争率を勝ち抜いてきた精鋭と言える。しかし、プロ野球1球団が保有出来る支配下登録選手数は70人まで。新人が入団してくれば、ほぼ同じ人数の選手がユニフォームを脱がなければならない。

プロのユニフォームを着ただけで、満足してはいけない。「一軍で活躍したい」と、自分を奮い立たせなければならない。

モチベーションと努力は正比例するもので、モチベーションが低いと努力は続かない。だからすごくモチベーションが大事になってくる。

２０１７年1月12日、日本野球機構（ＮＰＢ）による新人研修会でスピーチを依頼された。人前で話をするのは苦手だ。かしこまった席となればなおさらで、あまり長く話すと聞くほうも飽きてしまうだろうと思い、自分なりに簡潔にまとめて臨んだ。要点は3つ「目立つこと」、「欲を持つこと」、そして、「練習あるのみ」。

自分はドラフト6位で指名されたからかもしれないが、目立つことの必要さを痛感させられた。どの球団でもドラフト1位選手は否応なしに注目される。プロ野球も興行だから、注目されれ、球場にたくさん来てもらわなければならない。どんなに凄い選手でもお客さんが来てくれなかったら、プロ野球は成り立たない。だから、目立つことも大事なのだ。

個人的な話をすると、誰かと同じというのは好きではない。同じ球団の所属、同じ施設で練習して、移動時もお揃いのスーツ。なら、どこで自己アピールするかと考えたら、スーツ以外の靴下か、時計などの装飾品か、髪形などでアピールするしかないと思った。若気の至りか、ゴツイ腕時計をつけていた時期もある。しかも、人がつけていないような代物を選んでいた。自分はブライトリングを好んでつけていた。

「欲」を持つということを、目標に加えるのは悪いことではない。自分もプロ野球選手になったとき、「活躍してたくさんお金をもらって、金持ちになってやる」と考えていた。プロ野球選手は高級腕時計をして、高級車に乗って、デッカイ家を建てて……。そんなイメージを勝手に抱いていたせいだと思うが、若手時代、先輩たちがカッコイイ外車で球場に乗り付けてくるのを見て、「いつか自分も」と励みにしていた。

「ベンツや腕時計、スーツ、あれナンボするんやろう？　活躍すれば年俸上げてくれるよな、そしたら、自分も」

捉え方は、人それぞれ。自分と同じように「いつか……」と考える者もいれば、「引退に備えて貯金を」と思う人もいる。クルマではなく、節約して電車で通う選手もいるかもしれない。自分はカッコ悪くなければいいと思う。試合でカッコイイところを見せたいと思えば練習するしかない。本当は、練習が大嫌いだった。でも、這い上がるには練習するしかない。マウンドで勝ってカッコよく終わるには、「勝ちたい」の気持ちを強く持たなければならない。そのためにはどうすればいいかというと、やはり練習しかない。

考えるだけではピッチングの精度は上がらないし、カッコイイは「しんどい」と表裏一体なのかもしれない。打たれて負けて、負けの美学なんてものはないと思った。負ければ悔しいし、腹も立つ。負けて悔しい思いをするのと、しんどい練習のどっちがイヤかと考えたら、前者のほうだ。負けて悔しい思いをしたくないと思ったら、ピッチングレベルを上げるしかない。その方法は練習しかないのだ。

また、「悔しい」の感情をコントロールするのは本当に難しい。20代前半のころ、ブザマなピッチングをしたときだった。交代を告げられてベンチに戻るなり、グラブを思いっきり叩きつけた。その瞬間、ハッと気づいた。

お世話になっているグラブ職人さんが心を込めて作ってくださった代物だ。毎年、シーズンオフにミズノのスタッフ会議があり、グラブやスパイクなどこちらからも提案をして、製作されている。会議を重ね、それを職人さんが請けて一生懸命作ってくださったグラブなのだ。グラブ、バット、スパイク、打たれたのはグラブのせいではない。

ベンチ裏に叩きつけたシーンを会議スタッフや職人さんたちが見たら、どう思うだろうか。絶対に悲しい思いをする。そんなつもりではなかった。しかし、自分が感情をコントロール出来ずに取ってしまった行動は、「自分が打たれたのに、グラブのせいにしていること」だ。絶対にやめようと思った。

少年野球教室に行っても、子供たちには必ずこの話をする。「道具を大事にしなさい」と。プロ野球選手がグラブを叩きつけていたら、子供たちもマネをする。プロは子供たちのお手本にならなければいけない。

「悔しい」の感情は、家に持ち込まないようにしていた。クルマのなかで叫んだり歌ったりして気持ちを発散させてから帰った。

「今日ダメだったね～、何で打たれたの？」

そんなふうに子供たちに言われたこともあったが、「今日はアカンかった。次は勝つぞ！」という気持ちになった。

一晩寝て球場に行き、汗を流す。ランニングをしながら、「昨日は何が悪かったかな、なら、次の登板までにはこういうことしよう」と、考える。自分にとって、ランニングは考える時間にもなっていた。

少年野球とかに教えにいくと、よく聞かれることがある。

「速いボールを投げるにはどうすればいいですか」「練習するしかない」と答える。

でも、速いボールを投げ、ホームランを打つだけが野球ではない。ボールは速くない、足も速くない、たいした特徴もない自分が長くプロ野球の世界でメシを食べることが出来た。工夫すれば長くプロの世界でやっていける。そういうことを伝えていきたいと思う。もっとも、子供たちには夢を持って頑張ってもらいたい。それが一番だ。

33 ラミレス監督が言う「凡事徹底」

就任2年目のアレックス・ラミレス監督には「信念を貫くところ」と「柔軟なところ」の両方を使い分けてシーズンを戦っていた。２０１６年の現役最後のシーズンは、自分も兼任コーチだったので、スコアラーがまとめたデータ表にしっかり目を通している姿は見ている。

普段のラミレス監督は、黒い手帳を持ち歩いている。気が付いたことがあると、しきりにメモを取る。ベイスターズにやってきた12年シーズン中もベンチでメモを取っていた。

「将来は日本で監督になりたい」とも話していたが、単に夢物語ではなく、しっかりとその準備をしていたわけだ。そもそも、選手・ラミレスを獲得したのは、シーズンを通じて4番を任せられる主砲が欲しかったからだと聞いている。

ヤクルトスワローズ、読売ジャイアンツでの実績もあり、日本球界での２０００本安打と４００本塁打の達成を目前に控えていた。メモを取りながらコツコツと勉強してきたことが、こうした大記録につながったのだろう。

悲願の監督に就任して間もない15年のベイスターズの秋季キャンプでも、やはりメモを取っていた。

ブルペンに行っては手帳を開き、内野ノックを見てはまた手帳を開く。自身の眼で見て感じたこと、スコアラーを通して報告されたことと実際に見て違うと思った点を書き留めていた。

おそらく、ラミレス監督はベイスターズでも2年間プレーしているが、チームを離れて約2年が経過しており、その間、選手の入れ換えもあった。また、ＮＰＢでの現役最後の年となった13年は二軍降格も経験している。この期間の経験も大きかったと思う。

「ミウラさんには、僕と同じブレザーを着てもらうよ」
監督就任後、自分にそんな言葉をかけてくれた。ブレザーとは、名球会入りと同時に進呈される名誉の証でもある。50歳で一軍登板した中日ドラゴンズの山本昌投手を引き合いにして、「ミウラさん、あと、8年もある。大丈夫」と200勝の達成を後押しする発言もしてくれた。ありがたいとは思ったが、個人記録よりも、もう一度優勝したいと思っていた。優勝はチーム全員で喜べる。ハワイでの優勝旅行もチーム全員で行けるから楽しいのだ。

15年10月19日に監督就任が発表され、そのラミレス監督がお披露目を兼ねた秋季キャンプで掲げたスローガンが「凡事徹底《ぼんじてってい》」だった。

当たり前のことを当たり前に行うという意味の言葉だ。親日家でもあるが、難しい言葉も知っているんだな……。ちょっと驚いた。誰かが教えたとしても、意味をしっかり理解していなければ使えない。勉強しているんだなと感心させられた。この言葉には、当たり前のことを極めて他人の追随を許さない、平凡なことを非凡に努めるなどの意味もあるそうだ。

同年のベイスターズはプロ野球ワーストタイの68暴投を記録するなど、守備でのミスが目立った。プロとして恥ずかしいことであり、2週間のキャンプ中、休日前以外の外出を禁止、野球漬けにするとした方針をスローガンのひと言で言い表していた。

「走る、投げる、打つ、捕る」。地道な練習を反復していく。優勝するには当たり前のことを積み重ねていくしかない。ラミレス監督の所信表明の言葉は、当時のチームを的確に分析していた。

そんなラミレス監督の「信念を貫くところ」は筒香嘉智を3番に入れ、「8番ピッチャー」、「9番ショート・倉本寿彦」の変則打線を組んだこと。主砲（4番）の筒香を3番にすれば、初回の攻撃で必ず打席がまわってくる。ラミレス監督はメディアに対し、変則打線の理由をこう述べていた。

「筒香が4番を打っていると、2アウトで（打順が）まわってくることが多く、勝負を避けられることもあった。3番にすると、後ろに、ロペス、宮﨑が控えているので、勝負してくるだろう」

説明もシンプルで分かりやすい。宮﨑敏郎はプロ5年目の2017年、三塁の定位置だけではなく、首位打者のタイトルも獲得している。この宮﨑の成長があったから打順変更を主張出来たのだろう。

聞けば、この提案にコーチスタッフは難色を示したそうだ。4番はチームの顔だ。でも、ラミレス監督はコーチたちにデータから見出した理論を改めて説明し、意見を変えなかった。この打順変更は見事に的中した。筒香が3番に入ったのは2017年6月30日で、翌7月の筒香の打率は3割1分2厘と好調を極め、チーム全体の得点力も高めた。

こういう信念を貫くところもあれば、3番タイプの梶谷隆幸を2番に置き、打率不振なときは6番や7番を打たせ、別の選手に2番を任せるなど臨機応変で柔軟なところもある。直接、間接を含め、ラミレス監督は就任当初から、この梶谷を2番に固定する攻撃的な打線を、理想形だと話していた。

34 ラミレス監督と筒香嘉智の距離

また、ラミレス監督と話をしていると、驚かされることもある。スラスラッと数字が出てくるのだ。

「筒香はよくやっているよ。7月の月間成績は打率が3割を超えているし、ホームランは5本、打点は18、出塁率は4割3分もあって、三振よりも四球のほうが多いんだから」

こんな具合に数字の話をしてくるのだ。改めて調べてみたら、筒香の7月の三振は「15」、四球は「16」だった。さりげなく出る会話からも、頭にデータが入っているのが分かった。

「最後の20試合が重要だと多くの監督が言うが、首位とのゲーム差が10ゲーム以上開くことを考えれば、残り20試合では追いつけない。残り20試合の時点でどういう状況にチームを持っていくか……」

そんなことも語っていた。目先のゲームだけではなく、年間というシーズンを通しての展望がなければ指揮官は務まらない。

「外国人選手のメンタルケアは僕の大きな仕事」

こんなことも話していた。ラミレス監督は3球団で、13年間も日本でプレーしてきた。

「野球そのものは同じなんだが、日本では練習のやり方が違う。メンタルも全く違う。僕らが日本の野球に合わせなければならない。そんななかで大事なことはきっちりと伝えるコミュニケーションなんだ」

新しく入ってきた外国人選手には自分から歩み寄って、いろいろな話をしていた。「出来るだけ多くのコミュニケーションを取りたい」とし、日本人選手にも話しかけていた。

「元気かい？」

「はい。頑張ります」

簡単なやり取りだが、監督から声をかけてもらえたのだから、選手は「期待されてるんだな」と、前向きになれる。選手の表情を見て、本当のコンディションを探っているのだろう。

自分も引退した後、メジャーリーグを視察したが、南米出身の選手はとくに、練習中でもお互いに声をかけ合い、コンディションを確認し合う。ベネズエラ共和国出身のラミレス監督はこうしたコミュニケーションの取り方を知っていて、選手の特徴を把握する一環として自ら声をかけていたようだ。野球は身体的なものよりもメンタルが影響するスポーツと捉えている指揮官だ。

浪花節の我慢強さも持っている。17年前半戦、極度の不振に陥った主砲・筒香嘉智を辛抱強く使い続けた。監督によっては一度スタメンを外す、打順を下げる、ファームで再調整させるなど不振脱出までの対処法はさまざまだが、ラミレス監督は違う。

「一度レギュラーにすると決めたら、我慢強く使う。多少のスランプは自力で脱出出来る」

そう言い切っていた。

「もう1回、最初からというのは考えていない。今までのチーム作りを継承し上積みしながら勝負出来る人。そこを大事にしたい」

池田純球団社長は中畑監督の後任に、チームOBでもある彼を選んだ理由をそう語っていた。

DeNAは中畑清監督の4年間で確実に変わった。球場設備、ファンサービスの面もそうだが、球団内部の業務も改革されていた。

まだ30代の池田社長は技術論には口を挟まなかったが、素朴な疑問を旧体制で生きてきた職員にぶつけ、組織を変えていた。まず、ドラフトや育成の方針、その結果をまとめたレポートが残っていない。

歴代監督のチームビジョンや采配に関する資料などが何も残っていない。監督が交代すると、全てがゼロからのスタートになってしまう。人事は変わっても組織とその方向性は変わらない球団にしなければならないとし、池田社長は奔走されていた。組織として、もっとも重要視した監督人選のポイントは、中畑体制の4年間を継承すること。野球界には独特の風潮があり、池田社長もご苦労が多かったと思う。しかし、ラミレス監督が選ばれたということは、強いチームへの改革は確実に「第二章」に進んだと見ていい。

日本シリーズ前は「Out of The BOX」と語っていた。既成概念にとらわれないといった意味になるようだ。クライマックスシリーズ・ファイナルステージで先発の今永昇太、井納翔一、濵口遥大をリリーフ登板させたのは予想外だったが、奇抜な采配をしていたわけではない。事前に彼らに通達し、準備をさせていた。

結果、彼らの好投でチームの結束力と総動員で戦おうとする気迫はさらに高まった。「既成概念にとらわれない」采配の目的がチームの決起を呼ぶものだとすれば、ラミレス監督は選手の力を最大に発揮させる方法を一番に考えていたわけだ。

日本シリーズ第2戦、指名打者で高卒ルーキーの細川成也を抜擢《ばってき》した。一発も期待出来る将来の大砲候補だが、経験値の少なさが気になる。細川は期待に応えられなかったが、第5戦で代打出場し、バンデンハークの剛球を捉えてみせた。1番バッターに定着した桑原将志が5打席連続三振を喫し、そのことを記者団に問われると、「それなら今日から打ち出すよ」と笑顔で返し、最後まで使い続けた。指揮官には選手を信じて使い続ける勇気と覚悟が必要だ。ミーティングでは「ザット　ハプンズ（That happens）」、「Cross the line（クロス　ザ　ライン）」なんて言葉も発していた。

「That happens」＝そういうこともあるさ、終わったことは気にしない、「Cross the line」＝一線を越えろという意味だそうだ。

日本語が堪能なのは有名だが、そんな短い英語で選手を鼓舞させていた。

ベイスターズという若いチームはラミレス監督の雰囲気作りによって、積極的なプレーが出来ている。選手は思い切ってやる、指導者はそのための雰囲気作りを考える。

「どう始まるかよりも、どう終わるかが大事なんだ」

チーム作りにおいて大切にしている言葉だそうだ。

踏み出せば新しい景色が見えることを信じている。一度でも自分が限界と決めていたラインを越えれば、違う光景が見えてくる。意識も変わるということだ。

35　中畑清前監督がベイスターズを変えた

２０１１年12月2日、チームは横浜ＤｅＮＡベイスターズとして生まれ変わった。球団が誕生して最初の仕事がＦＡ権を行使した村田修一の慰留だった。チームの主将であり、通算２５０本、７年連続で20本以上の本塁打を放ったチームの大黒柱だ。前年の同じころには３年連続打率３割の内川聖一を見送っている。

今だから話せるが、ＦＡ宣言したときの村田から相談があった。この先の野球人生は村田のものだから、そこには触れなかったが、チームが強くなるにはどうすればいいのかを話した。新しい環境を選択した決断に異論は挟めなかった。

ＤｅＮＡという会社については、自分がＩＴやゲームに疎いせいか、よく分からなかった。しかし、球界参入と同時に主砲の慰留に当たらなければならないのは本当に大変だったと思う。それと同時にチームを変えるチャンスだとも思った。

「今のままでは絶対にダメ。強くなるためにいろいろと変えてください。お願いします」

主力選手が退団しないチームにするにはどうすればいいのかと訴えた。

最初に触れたのは、他球団との戦力比較だった。まず、他球団との差を埋めなければならない。これまで「補強はしている」と言っていたが、他球団も補強をしているのだ。そのことを忘れているのではないかと思っていた。昨季よりも良い選手を連れてきたと言われても、他球団も補強をしている以上、戦力差は埋まらない。どう補強していくかという点について、「差」をどうやって埋めていくかを話し合った。

ファンサービスに関する迅速な対応には、選手も感謝していた。気掛かりだったのはファンの反応だった。

「どうせ、来年か再来年にまた球団を売ってしまうんでしょ？」

そんな猜疑《さいぎ》の目、冷めた声が自分たちにも届いていた。球団が本気であることが伝わるまで多少の時間もかかった。やはり、信頼を積み重ねていくしかなかった。球場を改修し、トイレも清潔にし、横浜スタジアムとの一体経営を実現した。次は自分や選手がファンの信頼を取り戻す番だ。

また、2012年に就任したＤｅＮＡの初代監督・中畑清さんの存在は大きかった。

ただ、アテネオリンピックで監督代行をされたとき、自分もそのメンバーの一人だったので、その性格は分かっていた。マジメな方で、体調を崩されなければ指揮を執っていたはずの長嶋茂雄さんを支えていこうとする思いが強く、全体練習でも常に声を張り上げていた。

その中畑さんがＤｅＮＡの初代監督だと聞かされたとき、驚いた関係者も多かった。人づてに聞いた話では抵抗感を持つ横浜ファンも多かったそうだ。前任の尾花髙夫監督は成績不振で解任され、中畑さんに決まる前、いろいろな方の名前が出てマスコミを賑わしていた。

中畑さんに対するファンの戸惑いと抵抗感があったのは、巨人一筋で現役生活を全うされたスター選手であり、ベイスターズとは関わりがなかったからだろう。

その中畑さんへの不安はすぐに解消された。今日の生まれ変わったチームがあるのは、中畑監督の力が大きかったと思っている。

どんな監督だったか、と聞かれれば、いつも元気で明るく、パフォーマンスも凄かったと、答える。どんなときも「元気出して明るくやろうぜ」と先頭に立って、声を張り上げチームを引っ張った。

おかげでチームが注目されるようになり、春季キャンプにたくさんのお客さんが来てくださった。大勢のファンやテレビカメラに囲まれたなかで練習をすると、「しんどいなあ、キツイなあ」と思っても、もう一踏ん張り出来る。ファンも「頑張れ！」と声をかけてくれる。そういう環境で練習し、指揮官が明るく声を張り上げていれば、チームの雰囲気も当然良くなっていく。個人的な話をすれば、中畑監督のおかげで3季ぶりの完封勝利を挙げることが出来た。

同年の4月12日、先発マウンドを託された。

「大輔、お願いします！」

試合前のミーティングで中畑監督から声をかけられた。

全選手の前でだった。この言葉に感動し、奮起出来た。先日の試合で連敗を脱出し、良い流れを途絶えさせたくなかった。

中畑監督が明るく声を張り上げてくれたおかげで緊張していた選手の表情がほぐれた。道化になることも厭わない姿勢、監督の思いに応えなければならない。毎回のように走者を背負いながらもなんとか踏ん張れて投げ抜くことが出来た。

ゲームセット後、ハイタッチで迎え出てくれたコーチや仲間たち。中畑監督は抱きついてきて、大袈裟ともいえるアクションで喜んでくれた。

36 「前を向け、声を出せ」

中畑監督は負けると心底悔しがり、「前を向け、声を出せ！」と選手たちを鼓舞し続けた。そして、目も当てられないような惨敗を喫した試合の後も、立ち止まって記者団の質問に応じていた。開幕して間もない4月6日、前田健太（広島東洋／当時）にノーヒットノーランを食らったときも、そうだった。歴代の監督のほとんどが戦力のなさを嘆き、好機を生かせなかった選手をぼやいていたが、中畑監督は絶対に下を向かなかった。当時のコーチスタッフの言葉を借りれば、「嘘をつかない人」。

「ダメなものはダメとはっきり言うし、一度決めたことは途中で投げ出さない。だから、みんながついて行ったんだと思う」

コーチスタッフは中畑監督をそう言って、信頼していた。

また、ＤｅＮＡとして初めて迎えた開幕戦の試合前ミーティングだった。中畑監督がこんなことを言っていた。

「俺は勝ちたい。そのためならなんでもする。監督批判、けっこう。でも、コーチ批判は絶対に許さない。チーム内で仲間を批判するのも許さん。もし見つけたら、即刻降格してもらう」

熱い気持ちがひしひしと伝わってきた。

球団スタッフを含め、チームが一枚岩になれたのは、中畑監督のおかげだ。中畑監督の気持ちに応えられず、チーム元年は前年から続いて5年連続最下位となってしまった。中畑監督がシーズンを通して「声を出せ！」と言い続けたのは、集中力と勝つことへの執念を植え付けるためだったのだろう。

必死に練習すれば、選手個々の自信にもつながる。中畑監督の言いたかったことは、チームの意識改革だ。退団される２０１５年までの４年間、中畑監督はブレなかった。ブレなかったのは、信念があったからだ。

37 「相手から逃げるな」指導官権藤博監督の金言

１９９８年、チームが38年ぶりの優勝と日本一に輝いたときの指揮官は、権藤博監督だった。

一見、温厚そうな雰囲気だが、激しい人だった。

「この世界はやるかやられるかの世界なんだから、思い切って投げろ！」

「相手から逃げるな！」

チーム全体に対してもそうだったが、選手の闘争心をかき立ててくれる言葉をいつもかけてくれた。今思えば、「勇気と力をくれた名将の言葉」である。

とにかく、権藤監督には怒られた。マウンドからベンチに戻ってきたとき、物凄い勢いで怒鳴られたこともあった。

「逃げてるんじゃない、攻めろ！」

と怒られていた。3アウトで攻守交代になると、

「打者に向かって行け！　さあ、行ってこい」

と尻を叩かれ、マウンドに送り出された。

投手出身の監督だから投手に厳しいのは当然だが、野手に対しても容赦しなかった。

98年の優勝を決めた阪神戦だった。阪神1点リードで迎えた8回表、2アウトから3連続四死球で満塁の好機を掴んだ。二死満塁、一打出れば、逆転だ。ネクストバッターズサークルに控えていた8番バッターの進藤達哉さんに権藤監督が歩み寄った。この試合、進藤さんは3打数ノーヒットだ。ベンチにも代打要員の選手がまだ残っていた。

「代打ですか？」

進藤さんが先にそう聞くと、権藤監督の目がつり上がった。

「バカヤロー、オマエしかいないんだ。思い切り振ってこい」

進藤さんは打撃成績を落としていた。新聞紙上ではスタメン落ちも予想されていたが、権藤監督は意に介さなかった。進藤さんの打球が一、二塁間を割っていき、二塁から逆転のランナーが帰って来た。

情熱的というか、熱い人だった。あまりにも激しく怒られた後は「しばらく口も利いてもらえないな」と思ったこともあったが、すぐに普通に話しかけてくれる。

「さっきのこと、忘れたのかな」

こちらがそう思うほど切り替えも早かった。

現役時代、監督代行を含めれば13人もの指揮官に巡り合った。ちなみに91年から２０１６年までの間、読売ジャイアンツは５人だ。13人の監督さんのなかで一番任期が長かったのは、中畑清さんの４年、近藤昭仁さんと権藤博さんは３年で、あとの10人は、ほぼ２年で交代だった。短い期間でチームを再建させるのはとても難しく、ご苦労も多かったと思う。選手からすると、チームの方針が短期間で変わるのはやりにくかったが、勝負の世界である以上、受け入れるしかなかった。

自分のやるべきことが分かっていて、それをしっかりやっていれば、指揮官が変わっても慌てないはずだ。

後に聞いた話だが、98年のシーズン中に勝てない時期があった。コーチスタッフから二軍再調整が進言されたそうだが、権藤監督は「今降格させたら、三浦のためにならない」と言ってくださったそうだ。選手の自主性を重んじる監督だったが、結果がともなわないときは物凄く怒られたりもした。

「誰が監督になっても、『三浦を使う』と言ってもらえるようになるしかない」

そう自分に言い聞かせて、すべての状況から逃げないことを誓った。

38　小谷正勝コーチの一言「己を知れ」

入団当初からお世話になっているのが、投手コーチだった小谷正勝さんだった。いろいろなことを教えていただいた。一番強く残っている言葉は、「己を知れ」だ。

若手時代はすぐ熱くなり、走者を背負った場面では「絶対に抑えてやる」の気持ちが強すぎて、力任せに投げていた。結果は言うに及ばず、だ。それを延々と繰り返し、小谷さんが自分のところにやってきて、

「お前はどうやって抑えてきたのか？　ピンチでもそれをすることだけを心がけろ」

　自分には相手打者をねじ伏せるような剛速球はない。内外角の厳しいゾーンを丁寧に投げ、打ち損じを誘ってきた。相手バッターの裏をかき、直球狙いだったら変化球、変化球待ちだったら、真っ直ぐを。小谷さんは「これをやれ、あれをしなければ……」なんて指導はしなかった。いつも諭すような口ぶりでこちらにも考えさせる指導者だった。

　95年、自分が先発ローテーション入り出来たのも、小谷さんのおかげだ。この年から二段モーションで投げていた。

　これは偶然の産物でもあるのだが、遠投の練習をしていたときにバランスを崩し、足をもう一度上げ直した。すると、軸足に体重が乗って、スムーズに投げることが出来た。小谷さんがピッチングでもそのフォームで投げてみろと、この投球フォームに変えた。すると、小谷さんがかねてから指摘してくださった悪癖も解消されていた。自分は上半身に力が入りすぎて首が反り返り、これが原因で首の周辺を痛めることも多かった。

　二段モーションの極意は下半身主導で投げることにあり、これを習得したことで上半身に力が入りすぎる欠点の解消だけでなく、首周辺を痛めることもなくなった。

　普通、上半身に力が入りすぎていたら、上半身の動かし方を変えようとする。下半身の修正をさせて上半身の悪癖を解消させるのだから、小谷さんの指導は奥深い。自分が劇的に良くなったのはその後からだった。

それから、もう一つ、小谷さんに人生の指針となる言葉もいただいた。

「プロ野球選手は活躍すればするほどチヤホヤされる。けどなあ、すべてがそうじゃない。いいか、１００人がオマエのことを好きだとしたら、嫌いだというヤツも１００人いると思え。浮かれてるんじゃないぞ。オマエがプロでやることさえしっかりやっていれば、いつか必ずたくさんのファンが応援してくれるようになる。そのことを忘れるな」

入団一年目に言われた。

高校を卒業してプロ野球選手になれたことで、浮かれていたのかもしれない。しかし、プロ野球の世界の怖さを知り、小谷さんの言葉を思い出した。

自分よりはるかに才能がある選手が多い世界で、生き残るにはどうすればいいのかを考えたとき、小谷さんの「自分はどういう投手か、己を知りなさい」の言葉を思い出した。自分がチャンスをもらえば、一方でその機会を失う選手もいる。逆の立場だったら、「なんで、俺を使ってくれないのか?」と思う。

それ以来、丁寧に両サイドに投げることに努めていた。ピンチになっても自分に出来ることしか出来ないわけだから、それに集中しようと思ってから粘れるようになった。

小谷さんはその後、他球団でも若手を指導されているが、「お世話になった」と話す選手も本当に多い。厳しい人でもあったが、三浦大輔を思って本気で叱ってくださった恩人である。

39 高田商業山下善啓監督

お世話になった監督の一人に高田商業高校時代の山下善啓さんがいる。

3年間、自分を見守ってくれた。

あれは二年冬。進路希望を聞いた監督に、真顔で「プロ野球選手になりたいです」と答えた。最初は冗談と思われ笑われたが、三年春、天理高校相手に好投して、ようやく本気度が伝わった。高二の終わりころから、チラホラとプロのスカウトは来ていた。ある練習試合でスカウトがスピードガンを構えていたので、「ええところ見せてやろう」とつい力んでしまい、監督から「何してんねん？　オマエがプロにいくために試合をやっているんじゃない」と叱り飛ばされた。とにかくプロに行きたい気持ちが強かったので、ええところ見せたい一心だった。

もっとも熱い視線を送ってくれていたのは大洋スカウトの高松延次さんだった。

「一番気にいったのはケツ、腰回りの大きさです。バッティングのあとの走塁を見ると、プルンプルン左右に揺れていた。これはいいケツしている、と。私は捕手出身ですが、プロで活躍するピッチャーは例外なくケツがでかいんです。三浦はプロで成功する」

と評価され、大洋に指名された。

入団したての若いころは「欲の塊」だった。ずっと、「俺を使ってくれ」と思っていた。とにかく、試合に出たくてたまらなかった。自分のことしか考えていなかった。まず、若手にはチャンスがなかなかまわってこない。大差で負けているときしか投げさせてもらえなかった。だから、心のなかでいつも「打たれろ」と思いながら味方投手を見ていた。まずはファームの試合で投げたい、登板したら勝ちたい、次に一軍で投げたい、勝ちたいと……。年俸にしてもそうだ。

「今年これだけ上がったんだから、来年はもっと上げてクルマを買うぞ」とか。そしたら、「次は外車だ」なんてことばかり考えていた。

年俸を上げる方法はひとつだけだ。成績を上げるしかない。プロの世界は結果を出さなければ、それで選手生命は終わる。

40　追いつき追い越すには何をすればいい

プロに入れるのならドラフト何位でもいいと思っていた。ただ、一つだけ小さな希望があった。出来たら、セ・リーグの球団に行きたい。当時の理由は「テレビに映る機会が多いから」

と単純な思いから、そう願っていた。

ところが入団したものの、プロの凄さに圧倒された。入団したときは、奈良の田舎で野球をやってきて、甲子園も出ていないから全国レベルも分からない。それがいきなりトップレベルの集まりのなかに置かれたわけだから、最初は練習についていくだけで精一杯だった。ただし、負けたくない、諦めたくないという気持ちは強かった。何をやるにしても中途半端がいやだった。

この世界で生き残っていくには何をすればいいのか、「練習しかないでしょう?」と、自問した。練習してコントロールに磨きをかける。一つずつレベルを上げていく。やればやるだけ手応えを感じていた。

追いつき、追い越すためには何をすればいいのか、それは今以上にもっと練習しなければならない。

ドラフト6位だからといって臆することはなかったが、どうやって自分が成り上がるかを常に考えていた。

「絶対に負けるもんか、どんな状況でもやるべきことを見失わなければ、野球の神様がきっと見てくれる」そう思って練習していた。

負けず嫌いの性格のおかげで闘い続けてこれた。

生き馬の眼を抜く競争社会でどう生きていけばいいのか、目の前の霧が晴れたのは、小谷正勝コーチのひと言だった。

「プロに入る連中はアマチュア時代、みんな、『俺が俺が』でやってきている。でも、この世界は上には上がいる。自分がここで生きていくためには何が必要か、そこに早く気づいた者のみが生き残れるんだ」

「プロでやれる」と思いはじめたのは2年目の93年からだ。15試合に登板して3勝3敗。翌94年は2勝2敗、95年は8勝（8敗）を挙げ、ローテーション投手の仲間入りを果たした。

「大輔の長所は、これがダメなら次はこれと臨機応変に対応出来ること。研究熱心で非常時の修正力が高い。これには俺も感心させられたよ」

小谷コーチからこう言われた時は嬉しかった。

二段モーションは改良を重ね、1997年には10勝3敗を挙げた。翌98年、権藤博監督の下で12勝7敗を挙げ、チームの38年ぶりとなる優勝、日本一に貢献することが出来た。

このころ自分が楽しみにしていた対戦相手がヤクルトの古田敦也選手だった。理論派捕手との読み合いが自分をさらに成長させてくれた。

その古田さんから、

「三浦から長打を打った記憶がない。ヒットと言ってもバットの先に当たったライト前かセンター前で、とにかく大の苦手だったよ」

　と言われたときは、「してやったり」とばかり嬉しかった。

　速いボールや、曲がりの大きな変化球もないが、アウトロー、インローへの出し入れのコントロールが良くなった。しかも、低めのストレートが伸びてくる。

「腕をしっかり振っているから、どのボールも最初はストレートに見える。そこから微妙に変化する。これほど球種を読むのが難しいピッチャーはいない」とも言われた。

41　ベイスターズの先発は「6回まででいい」と言った時代

　マウンドに上がったら、弱気なところは見せたくない。なんぼ打たれても絶対に膝に手をつかないと決めていた。エースと呼ばれる投手に必要な条件がもう一つある。

　完投だ。試合終了の瞬間までマウンドにいて、守っていた野手、ベンチで出迎えてくれるチームメート、監督、コーチ、球団スタッフの皆さんとハイタッチをする。この瞬間は投手冥利に尽きる。

　90年代後半、盛田幸妃さん、大魔神こと佐々木主浩さんのダブルストッパーが君臨していた。球界を代表するリリーバーがいたのだから、監督からすれば先発投手を無理に続投させる必要もなく、試合中盤から継投策による逃げきりをはかる。

「ベイスターズの先発投手は6回まででいい」

メディアを含め、そんなふうに言われていた。6回まで投げれば、7回に中継ぎ投手が出て来て、8回は盛田さん、そして、9回は佐々木さん。投手交代で盛田さん、佐々木さんがアナウンスされた時点で「勝ち」だった。だから、先発投手は初回のマウンドから飛ばせる。完投することは考えなくていいから、イケるところまで全力投球すれば良かった。

でも、個人的には9回のゲームセットまで投げきりたいと思っていた。ベンチで両クローザーの好投を見守って、最後は佐々木さんを出迎えれば自分にも勝ち星が付いていた。絶対的な守護神が控えているチームは強い。

優勝争いに食い込むことが出来るのは、先発投手にも相乗効果が及ぶからである。盛田さんと佐々木さんの圧倒的なピッチングは頼もしい限りだった。

盛田さん、佐々木さんのおかげで自分も初回から全力投球することが出来た。当時は先発しても、2人がいてくれたおかげで無意識のうちに初回から力投していた。

佐々木さんとの思い出だが、ピッチングは重いストレートと鋭角なフォークボールでグイグイと攻めていくが、繊細な一面も秘めていた。ブルペンでは緊張された面持ちで練習していた。9回の最後を任されるクローザーは勝ち試合でしか投げない。

試合が進むにつれ、ブルペン待機していた仲間たちが一人になっていく。ここまでみんなでつないできた勝ち試合が自分の一球で負けに転じる恐怖を誰よりもよく知っていた。

だから、他のリリーフ投手とは異なる緊張感、重圧を受けていた。普段は優しいというか、デンと構えている兄貴分のような先輩で、自分もかわいがってもらった。そんな性格からは考えられないような厳しい表情でマウンドに上っていた。

また、盛田さんは明るい性格の方だった。豪快に飲んで冗談を言って、周囲を笑わせていた。シュートで打者の胸元をグイグイえぐるピッチング同様、相手が先輩であっても自分から飛び込んでいろいろな話をされていて、引退されてからもずっと声をかけていただいた。

42　帰らぬ人となった兄貴分を想う

その盛田さんが帰らぬ人となったのは、２０１５年10月16日だった。しばらくは癌で入退院を繰り返していて、辛い時でもそれを逆にネタにして明るく振る舞っていた。現役時代の98年には脳腫瘍の手術も受け、懸命のリハビリを克服されてマウンドに帰って来た。お亡くなりになる前年４月、盛田さんのブログには入院することが報告されていて、「何とか、生きます心配かけてすみません　またね」と結んであった。葬儀は郷里の北海道茅部郡鹿部町で行われた。自分は秋季キャンプへの参加は免除されていたのでお焼香に駆けつけることが出来た。ご家族に気を遣わせたくないので手を合わせたら帰るつもりだったが、奥様に、

「大輔君、弔辞お願い出来るかしら？」

といきなり声をかけられ驚いたが、お世話になった先輩の遺影の前では断れなかった。お通夜にも出席させてもらい、苦しい時に励ましてくださった思い出話や、お別れの言葉を述べさせてもらった。

見守ってください。強くなれるように——。

「暗黒時代」と呼ばれた２０００年代、プロ野球解説者のほとんどが開幕前の順位予想でベイスターズを最下位にしていた。自分はそれでも、必ず毎年、「優勝します！」とファンに言い続けた。リップサービスではない。優勝をめざさないとダメだと思ったからだ。

優勝争いに敗れたチームが2位、3位に残るのであって、最初からAクラスを目標にしていてはAクラスにも残れない。諦めたら終わりだと思って言い続けた。実際にプレーしている選手が心のなかで諦めていたら、ファンは応援してくれない。可能性がゼロにならない限り、頂点をめざすのがプロであって、信じて突き進んで、やっと実現出来るのが優勝だと思っている。

かつては、三振を喫し、バットを引きずりながらベンチに帰ってくる選手もいた。そういう態度は勝利を諦めていると映る。

「なんだよ、あの態度は？」

批判を食らうこともあるかもしれないが、あえて注意してきた。凡打でも一塁まで全力で走るべきであり、自分は常に諦めない姿勢を表してきたつもりだ。

勝負の世界において負けることは当然ある。だが、負けることで〝負け犬根性〟になることだけは絶対にイヤだと思った。

往年のエースと呼ばれた先輩方、そして、リリーバーだが、盛田さんや佐々木さんから学んだことはたくさんある。自分はエースではないが、少しでも後輩たちに伝わるものがあったとすれば、幸いである。

43　こだわりを持つ自覚

兼任コーチの肩書が付いたのは、２０１４年からだった。話をいただいたとき、これまで経験してきたことや技術をすべて伝えたいと思った。一般論として、プロ野球選手は年齢に関係なく、全員がライバルだ。

一軍登録出来る選手数は28人、試合出場出来るのは25人で、うち投手は12人程度だ。チーム全体が優勝という目標に向かって一丸となって戦うのだが、そのステージに上がることの出来ない選手もいる。一軍登録を争うライバル同士となるが、自分は早く若手に成長してもらいたいと思って引き受けた。若いピッチャーがどんどん伸びてきて、それに自分も触発されて……。そうやって高いレベルで一軍枠を争うようにならなければ、チームは強くならないと思っていた。

ベイスターズの今のピッチャーは自分が若手だったころよりも優れていると思う。でも、素晴らしいボールが投げられるのに試合で発揮出来ない投手が多い。見ていて歯がゆさがある。何かが足りないんだろう。そこがクリアすれば、高いステージに上がることが出来るし、本当に良いピッチャーになれるのに。そのためにはこだわりを持って自分を変えるしかない。変えるということは、勇気がいるが、一歩踏み出して練習すれば変われるだろう。

現役時代、自分はスパイクにもこだわりが強かった。一番気にしているのがフィット感で足型を取ってもらってから作る特注品だ。プロ野球選手の道具のほとんどが特注品である。自分の場合は、過去に足首を故障しているので、ミドルカットのスパイクを履いていた。革の種類、デザインなど、こちらのワガママでいくつかの試供品を作ってもらい、キャンプ中に試し履きをする。足を上げた際に軸足でしっかりと立っているのかどうかを重要視しているが、同時に内部にも配慮していただいている。〝特注のインソール〟も敷いている。

「足と歩きの研究所」の入谷先生に作ってもらい、以後ずっと愛用してきた。かれこれ、約20年間だ。インソールの厚さを0・数ミリ単位で変えるだけで足を上げたときに軸足に体重が乗り、体重移動もしやすくなる。こうした専門知識を持った方々のご協力を得て、プロ野球選手は成り立っている。道具に秘められた職人さんや専門家の方々のご苦労や思いを考えると、大切にしなければならないし、それに見合う選手にならなければならない。

44 高い壁になってみせる

セ・リーグ最下位が5年続いた翌年の2013年、1月14日。

厚木市内で国吉佑樹、小林寛、加賀美希昇らとの自主トレを公開した。

2012年、親会社がDeNAに変わっても首脳陣が変わっても、期待されても、選手もその気になっても、結果は同じ最下位だった。

「若い奴らが出てこないので、俺がキャプテンをやりますよ!!」と決意を表明した。

自主トレには取材に来た報道陣を前にして、決意を語った。

「ずっと最下位の今のままではいけないって誰もが思っている。じゃあ変わらなければいけない。どう変わるかとなったときに、自分が手を挙げることが、ひとつのメッセージになればと思った。気持ちとしては『あいつらにはまだまだ負けんぞ』ということです。戦って戦ってチーム内の競争を激しくしたい。

ハッキリ言って、他のチームより格段に試合に出るチャンスがあるのに、それをものに出来ない。もったいないですよ。なぜ、力のある速い球を持っているのに、勝てないのか。もちろん、打線との兼ね合いもあるけど、それだけじゃない。その先をあいつらがどれだけ考えて、分析して、行動出来るか。それが出来たら、チームは強くなる。

一生懸命やって成功する選手もいれば、もちろん芽が出ない選手もいる。だけど、そういう選手は、プロ野球では芽が出なくても後の人生で絶対プラスになる。

どんな選手でも引退する時が必ずくる。そして、引退した後の人生の方が長い。信じてやり続けたことの結果が出るか出ないかは別として、引退後の人生にも絶対影響してくるんだから、野球が出来る間は、一生懸命、思いっきりやれよと思います。

『俺がやってやる。俺が投手陣を引っ張っていってやる』って言ってくれる奴が欲しいですよ。だから、俺が彼らにとっての壁になる。低い壁じゃ意味がない。自分自身、もっともっといけると思っているので、高い壁になれるように」

自分に残された時間は少ないと自覚していた。残せるものを残しておきたいとも思った。

２０１２年７月４日の１５０勝目を挙げた試合のヒーローインタビューで語った「横浜に残

ってよかったです」の、あの言葉は本心だったし、横浜ファンは心から喜んでくれた。出ていった選手にもみんなそれぞれ理由はあるので、それはしょうがないと思う。でも、ベイスターズが強いチームだったらこんなことにもならなかったのかなと思う。

そのころ、キャンプが始まると順位予想で絶対と言っていいほど横浜が下の方に並んでいて悔しくてしょうがなかった。

ファンからやじられたり、ビールをかけられたりしたこともあった。でも、応援してくれるファンがいるから頑張れる。結局はそこなんだ。倒れそうになっても、ファンが支えてくれる。ファンの人たちに「信じて応援してきてよかったな」って思ってもらいたい。それが支えとなってチームは今日まで来た。

45　陰で支えてくれたチームサポーター

自分が現役選手として長くやってこれたのは、影で支えてくれたチームサポーターのおかげである。選手たちが活躍する華やかな場所と違って、裏方さんたちのいる場所はスポットの当たらない世界だがチームにとって大切なポジションだ。

そこで、ベイスターズというチームのために身を粉にして一生懸命に働いている人たちのことを伝えたい。

具体的に説明すると、バッティングピッチャー、ブルペンキャッチャー、用具係、スコアラー、トレーナー、ユニフォームなどを洗濯してくれるクリーニング担当、グラウンド整備などの球場スタッフ、そして日々をチームと選手のために奮闘するチームマネージャー。

その中の一人、一軍マネージャーの西崎伸洋の話をしてみたい。

西崎は2000年に福岡の糸島高校から、キャッチャーとしてドラフト6位でベイスターズに入団した。現役時代は一軍経験はあまりなかったが、苦労したぶん、人の痛みや喜びがとても分かる男として成長していった。

2008年に引退して、翌年から球団職員として一軍のサブマネージャーとなり、支える側に回って選手のサポート役に徹してきた。

自分の現役時代、バッテリーを組むことは少なかったものの、彼とはずいぶん一緒に練習してチームのために戦ってきた。とても心が熱く勉強家であった西崎から後輩にもかかわらず教えてもらうことがあった。

その人柄はマネージャーになった今も変わらず選手の愚痴や相談に、嫌な顔ひとつせず一生懸命に応えていたのを見てきた。また、試合に負けてベンチで物を蹴ったりした若手選手に対し、「子供たちの模範となる行動をしなければいけない」と注意したこともあった。

そして西崎は、すべての選手がグラウンドで野球に集中出来るようにと寸暇を惜しみ、身を削ってチームに尽した。

西崎とはプライベートでも常に野球について話し合い、「どうすれば勝てるか、どうすればチームが良くなるか」などと一緒になって考えることが多かった。

その西崎に引退の意志を伝えた時、驚き、そして寂しそうな顔をして残念がった。18年間、ベイスターズで一緒に過ごした仲間だけに、自分も胸に熱くこみ上げるものがあったし、西崎も同じように声をつまらせて「お疲れさまでした」と労ってくれた。

２０１７年カープに勝って日本シリーズ進出が決まったとき、選手以上に喜んだのは西崎たちチームサポーターだった。ビールかけのとき、「勝つっていいですね。番長が言っていた『ビールかけってええぞ』っていうのが、こんなにいいもんだと初めて知りました」と感激して喜んでいた。

筒香から「チームサポーターがすごく喜んでくれたのが嬉しかった」と聞いた。

筒香に限らず選手全員がチームサポーターたちの喜ぶ顔を見て、一緒になって喜び、感謝の気持ちを伝えた。

「いいチームになってきたな」と自分はそんな気持ちでみんなを見ていた――。

46　日本球界が盛り上がっている

高校野球の世界を見て、再認識させられたのはメジャーリーグが身近になったことだ。テレビ中継もごく普通にされていて、インターネットを使えば簡単に時差14時間の世界の野球を観ることが出来る。「好きな野球選手は？」と聞かれると、メジャーリーガーの名前を挙げる球児も増えてきた。今さらだが、20代の日本のプロ野球選手が将来のメジャーリーグ挑戦を口にし、渡米してしまうのも当然だろう。

日本のトッププレーヤーが海外に出てしまうことに寂しさや、興行的な不安を挙げる人もいるが、メジャーリーグは、行きたいと思う選手が全員行けるほど甘い世界ではない。日本のプロ野球の良さ、魅力もあるから、メジャーに挑戦した選手が再び帰ってくることもあるのだろう。日本で現役生活を全うしたいと思う選手だっている。

個人の自由であって、ダルビッシュや田中将大、前田健太らが渡米した後も日本のペナントレースは盛り上がっている。地上波テレビでのプロ野球中継では「視聴率が取れない」と言われたままだが、球場にはたくさんのお客さんが来てくださる。熱狂し、楽しんでくださる姿を見ていると、日本のプロ野球人気が落ちたとは決して思えない。それもこれも各球団がいろいろな努力をして球場に足を運んでもらえるようになった結果だと思う。

「ＤｅＮＡ、スゴイ盛り上がりですね」

「ハマスタの（横浜スタジアム）、チケットが取れない」

最近、こういった言葉をよく耳にする。自分が何かしたわけではないが、素直に嬉しいと思っている。

ひと昔前の横浜スタジアムは閑古鳥が鳴いていた。しんどい苦しい時代を自分は知っている。リーグ優勝を果たした１９９８年はたくさんのお客さんが来てくださり、優勝、日本一のパレードもたくさんの人に観ていただいた。その後のチーム低迷とともにまたスタンドがガラガ

ハマスタ

2017-04-04

2017･･･

ハマスタ･･･

開幕!

ただいま･･･

セレモニー中!

ヨ･ロ･シ･ク!!

ラになり、不甲斐ない試合に対し、怒声も浴びせられた。ゴミを投げ入れられて試合が中断したこともあった。そういった時代を知っているだけに、満員の今の球場を見ると嬉しくなる。

球団が努力した結果だが、経営母体のＤｅＮＡは観客動員数が増えただけでは満足しなかった。ビジターチームの三塁側も満員にしようとし、観客席の一部をボックス席やバーカウンターのような形態に造り替え、野球にあまり興味のない人も球場に足を運んでくれるように工夫した。ボックス席なら、飲み物を片手にお喋りをし、時折、グラウンドに目をやり観戦も出来る。会社帰りのビジネスマンたちが野球を観ながらお酒を飲んで、仕事の疲れを労うことも出来る。こうしたボールパーク構想がテレビ視聴率とは違う、新しい野球人気の広げ方をしたのだろう。ファンの野球に対する見方も変わってきた。他球団のユニフォームを着た元ベイスターズ選手に対し、拍手で思いを表現するようにもなった。近年の例だと、金城龍彦がジャイアンツのユニフォームを着て横浜スタジアムに帰って来たときは拍手を送った。ネット社会だから、彼がどういう事情でチームを離れたのか、よく分かっていた。

まだ現役を続けたいとする思いでチームを離れたのも分かっていたので拍手を送った。ファンは地元意識も強く持つようになり、チーム事情にも詳しくなってきた。横浜だけではなく、広島、千葉、札幌、名古屋、大阪、それぞれの本拠地も地元意識を強く持つようになった。これがプロ野球を盛り上げた一因にもなっている。

選手の指導法、観客動員、ファンの応援、目まぐるしく変化している。ファンサービスへの迅速な対応とスピード感がこれからもプロ野球界発展のキーワードになるだろう。

47 教えることの難しさを問う

引退してから高校野球を観戦する機会が増えた。その延長で高校野球の関係者ともお話しをさせていただく機会があった。

「今はどんなふうに指導されているんですか」

単刀直入に「教えることの難しさ」をぶつけてみた。

自分が高校野球界でお世話になったのは、もう26年も前の話だ。当時と現在の高校野球の練習は全然違う。練習中の水分補給に対する捉え方もそうだが、当時はキツイ言葉で叱られる。監督の言うことには絶対服従の世界だった。今では頭ごなしに怒鳴ったりすることは出来ない。

現在のプロ野球選手たちは、自分たちとは違う高校野球を経て入団してきた選手たちだ。プロの世界でいきなり指導方法が変われば混乱してしまうのは必至で、これからのプロ野球コーチはこうした高校球界の実情も知っておく必要がありそうだ。

今の子供たちに同じことをやったら、絶対について来ない。成長過程にある高校生のなかには肉体的に完成している子もいれば、まだ身長の伸びそうな子もいる。遊びたい時期でもあるから、嫌々やらされているような雰囲気の子もいる。

高校野球の関係者が大切にされていたのは、やはりコミュニケーションだった。また、シートノックにしても、高校によってその内容も違っていた。2017年の夏の甲子園大会で広陵高校の試合前ノックが観客を沸かせていた。

一番最後に残った選手にだけ、左右に広く打球を放つ。その捕れそうで捕れない微妙な箇所に打って、選手は滑り込んでそれを捕ろうとする。監督さんも選手も笑顔で続け、結果、試合前なのにユニフォームはドロだらけになっていた。スタンドも大いに盛り上がり、選手も朗らかな表情になって試合開始の整列へと走っていく。

「今の子供たちは情報をいっぱい持っているから、大変ですよ」

口ではそういうものの、高校野球の監督さんたちは試行錯誤を繰り返し、球児たちを導こうとしていた。コミュニケーションとは言葉だけではないようだ。

第五章

継承と革新

2018年春へ

48 筒香に次ぐ改革の継承者

筒香嘉智がキャプテンに就任したのは、2015年春だった。この就任にはいろいろな布石があった。2年前の13年シーズン、筒香の打棒はまだ覚醒していなかった。本塁打はたったの1本、打率も2割そこそこで、もがき苦しんでいた。

中畑清監督は彼の将来を思って突き放した。「自分で這い上がって来い」の無言のメッセージだった。そして14年にやっと才能が開花した。そのシーズン中、筒香は中畑監督にこう質問したという。

「どうしたら、松井秀喜さんのようなオーラを放つバッターになれるのでしょうか」

中畑監督は翌15年春季キャンプで松井秀喜氏のキャンプ訪問を実現させ、筒香とも話をする機会を作ってみせた。中畑監督にキャプテン就任を命じられたのはこの年からだ。

アドバイスと言えるほどのものではないが、自分は筒香に「遠慮しないでやれ」と伝えた。

「オマエのやりたいようにやってみろ」

それまでの筒香は何かあると、「いや、僕は……」と言って後ずさりしてしまうような選手だった。キャプテン就任は自分を変える一つのきっかけになったと思う。

「地位が人間をつくる」と言われるように、その人間が成長してほしいのであるならば強引に地位につけ、バックアップしてやることも時には必要だろう。最初は本人も戸惑うだろうが、自然とその地位にふさわしい風格を備えるようになるものなのだ。

些細なことだが、その筒香がキャプテンとして初めて〝自己主張〟したのは、ロッカールームのイメチェンだった。改革なんて大袈裟なモンじゃない。「ＢＧＭを流してもいいですか？」と提案してきた。昔からロッカールームにはピリピリした雰囲気があった。グラウンドもロッカールームもピリピリしていると、気が休まらない。ロッカールームをリラックス出来る空間に変えたいと言う。若い選手には好評だったらしい。ある程度の年齢がいった選手には抵抗が

じどり

2017-02-23

今夜は･･･

ゴウと･･･

地鶏で･･･

自撮り!

････

ヨ･ロ･シ･ク!!

あったようだ。

ひと昔前のロッカールームは、たしかにピリピリしていた。試合に負けたら、まずテレビは消す。私語厳禁の雰囲気になって、お通夜みたいだった。

ピリピリした雰囲気が支持された時代もあったのかもしれないが、試合に出れば、チームが勝つために全員が努力し、結果がともなうようになり「連帯感」も生まれたようである。今の時代に適した雰囲気なら、実力も発揮しやすいのではないかと思う。

結果的に筒香の提案はロッカーで選手はリラックスして、まとまりも生まれた。

この雰囲気は当分続くだろう。筒香のあとのキャプテンもロッカールームの和やかさを継承してほしい。

49 去年ダメだったものがピタリとはまるときもある

今の時代で良かったな、昔だったらボコボコにされているぞという選手もいないわけではない。でも、「ボコボコにされて野球どころではない」なんて環境はおかしいと、当時の先輩たちも思っていたはずだ。ボコボコにされた側に非があったとしても、諭す方法は他にもある。

自分がイヤだと思ったことを今もやる必要はない。だがプロ野球選手である前に、一社会人だということを忘れずにいてほしい。

ベテランになって叱ることの難しさは感じていた。後輩に対し、「言わなければダメだな」と思うようなときもあった。

そういうときは努めて諭すように話をした。怒鳴ると相手はイラッとくるから、こちらが伝えたいと思ったことも伝わらない。

だから、言葉を選んで、穏やかな口調で話をする。

「オマエ、あれはおかしくないか？　だってこうだろ？　明日からやるしかないよな」

言われたほうの顔色を見ていると、こちらに気を遣わせたと思ってくれるようである。だから、お説教は好きではないのでなるべく短く、簡潔に言うことにしている。

試合で結果の出なかった選手、打たれた投手には「メシ、行こうか？」と声をかけていた。先発投手と野手は試合に出場するサイクルが違うから、一緒に行動するのが難しい。しかし、ベイスターズは野手も投手も関係なく、声をかけ合う。食事に行って、野球の話もするが、雑談をして、気分を切り換える。これだけでいいと思う。ミスをした選手が引きずることなく、また明日から頑張れるように。

キャプテンとなった筒香もチーム全体のことも気にかけなければならないから、本当に大変だと思うが、これからも彼なりのやり方でチームをまとめてくれるだろう。

自分は入団当初、先輩たちの体力と球の速さを見て、今のままの自分では通用しない、到底一軍には残れないと痛感させられた。自分に足らないものは何なのかを考え、この世界で生きていくにはどうすればいいのか、先輩たちから吸収出来るものは吸収しようと思った。年齢も違うので調整方法や練習方法も異なるが、とても参考になった。今はその経験を若手に伝える側になった。

どんなにいい方法だとしても、人によっては合わないものもある。時期によって合わないものもある。だからといって聞き流すのではなく、実践しないものでも、一度自分の引き出しに仕舞っておく。成長するにつれ、タイプも変わっていく。そのときに違う引き出しを開けてみると、以前合わなかったものが自分を助けてくれるかもしれない。去年ダメだったものが今年ピタリとはまるときだってある。

ある分野で成功した人というのは、何かいいものを持っていて、なおかつ努力もされている。そういう経験談を聞くだけでも勉強になる。

50　人生は「どうすればいいのか」の繰り返し

「長く野球を続ける秘訣ってなんですか」

他球団のキャンプを見る機会にも恵まれた。こちらから質問することもあるが、逆に他球団の若手からよく聞かれるのがこの質問だ。ひと言では返せない難問だ。正直に言うと、自分も25年間も現役を続けられるとは思っていなかったし、20年以上やってやろうと思って練習してきたわけではない。

今季、どうやれば勝てるのか、どうすればチームが優勝出来るのかと考えて練習をし、出来なかったから、「どうすれば来年はもっと勝てるのか」と考えながらやってきた結果が25年の現役生活であって、「出来なかった。では、どうすればいいのか」の自問自答の繰り返しだった。「どうすればいいのか」を繰り返しているうちに30代になっていた。30代半ば、30代後半ともなると、体に疲れもたまってくる。この疲れを取るにはどうすればいいのかを考え、トレーナーにも相談した。トレーナー、トレーニングコーチに勧められた練習も取り入れてみる。

専門書やスポーツ雑誌を読んで、他競技選手のトレーニングも真似し、詳しい人にも話を聞いてみたりもした。

最初のうちは教えてもらった通りにやっていたが、自分に合うものと合わないものが出てきた。また、野球界の生活リズムというものもある。シーズン中は遠征が続く期間もあれば、ナイトゲームの翌日にデーゲームが組み込まれているときもある。そのため、どんなに効果的な練習メニューであっても野球界の生活リズムに合わなければ、別の方法を考えなければならない。

自分なりにアレンジを加えて改良し、たとえば球場のなかではなく、スタンドの階段も走ってみたりもする。アップダウンのランニングは疲労回復の効果が望める。また、スタンドのアップダウンもずっと続けていると飽きてしまう。そこで気分転換をかねて横浜の街中や山下公園を走ったりもした。治療院にも通った。専門医に治療していただいたあと、

「球団トレーナーにはどういうことをやってもらえばいいですか」

と聞いた。特別な練習法があったわけではない。こういうことを繰り返してきたことが、長く野球を続けられた秘訣だったのかもしれない。

大きな怪我に見舞われなかったのも幸いした。

若いころは疲れても一晩寝れば、また次の日に動けた。それが年齢とともに回復が遅くなり、他の選手よりも長くウォーミングアップをやらなければならなくなった。球場入りする時間もどんどん早くなっていった。

長く現役を続ける秘訣を「若手に教える」ということは非常に難しいことだと思う。教える側が絶対に良いと思っていて、それを強要する。選手のほうはよく分からなくても逆らうことが出来ないから続ける。何年か経過して、「なるほど、こういうことだったのか」と分かって

くれるケースもあるだろう。

一方で、嫌々やってそのまま身につかないまま終わってしまうケースだってある。教わる側の選手の捉え方次第だろう。その選手の性格にもよるが、たとえば、ガツンと怒って、「ナニクソ！」と思い、「絶対に見返してやるんだ」と発奮する選手もいれば、そのままへこんでしまう選手だっている。

何か返してくれる選手だったら対応の仕方はある。シュンとなってへこんだままの選手に対しては、どういうふうにケアしていけばいいのか。米球界のコーチのようにとことん話し合って、どういうふうにしたらお互いが成長出来るかを考える手段もある。この場合、最低でも選手が納得出来る結論に至らなければならないだろう。

練習内容を話し合う目的は、教える側のコーチと教わる側の選手のコミュニケーションを円滑にするだけではない。選手にとって、練習の目的を理解するのも大切なことだと思っている。突き放して自主性を促したほうが伸びる選手もいるだろう。結果が出ず、もがき苦しんでいる選手には手を差し伸べてやりたいとも思っているが、それに甘えてしまうケースもあるだろう。現場に復帰するときが来るとすれば、自分なりの結論を見出して臨みたい。

51 実は三浦大輔にもあったメジャーからのオファー

２０１７年1月、テレビ番組の収録で北海道日本ハムファイターズの大谷翔平投手と対談した。ピッチャーとバッターの二刀流、プロ２年目には「10勝10本塁打」を記録し、３年目のシーズンには、15勝で最多勝、２・24で最優秀防御率、リーグ最高勝率の投手三冠に輝いた。自分が引退した16年シーズンには日本球界最速の１６５キロをマークした。１６５キロを投げるというだけで、凄い。打撃成績の高い投手というのは過去にもいたが、ピッチャーとバッターの両方で一流なのだから、彼は誰も歩んだことのない野球道を進み続けているわけだ。

実際に会ってみて、体格にも恵まれた選手だと思ったが、まだ幼い、かわいらしい顔をしていた。誰も歩んだことのない道の先にはメジャーリーグもあるのだろう。まだ22歳なのに、しっかりと将来を見据えて頑張っていた。対談したとき大谷はプロ４年目のオフだった。４年目のオフに自分は何をしていたか？　というと結婚という人生の節目を迎えていた。

大谷は「結婚するという決断力が凄い。僕だったら、出来ないです」と言っていた。

自分も、初めてフリーエージェント権を取得した02年、メジャーリーグ挑戦のチャンスがあったのだ。

「向こうのスカウトが三浦に興味を持っているんだって」

その言葉に大きく首を傾げた。すでに佐々木主浩さんがシアトル・マリナーズで活躍されていた。自分としては、98年に優勝、日本一を経験し、先発投手としてローテーションは守っていた。だが、当時の自分は「そこまで結果を残したか？」と、疑問のほうが強かった。入団以来、個人的な目標に挙げていたのは沢村賞の獲得だった。投手主要タイトルもまだ獲っていない。帰宅して、女房にその話をした。

「なんか、メジャーが興味を持っているらしいよ」

「好きにすればいいじゃない。夏休みに子供たちとアメリカに行けるし」

単身でアメリカに行くことが大前提か（笑）。

98年の優勝は佐々木さんや先輩たちのおかげで出来たと思っている。「今度は自分で」の思いが強く、同時にプロ野球選手として、メジャーリーグよりもベイスターズを強くしたいとの目標を持っていた。

17年オフ、大谷はポスティングシステムによる米球界挑戦を正式に表明した。野球の本場、アメリカでどんな活躍を見せてくれるのか、自分も楽しみにしている。メディアによれば、すでに彼の代理人がゼネラルマネージャー会議に乗り込んで「two-way player」の売り込みをしているとあった。そしてエンゼルスに入団が決まった。「夢」は人それぞれだが、大谷に強い思いがあれば、きっと成功してくれると信じている。

52 解説席から

２０１７年、関西テレビ系で放送されている夕方のニュース番組にも出演させていただいた。スポーツコーナーを一週間担当させてもらったが、前週土曜日に読売ジャイアンツが敗れ、クライマックスシリーズ・ファーストステージの対戦カードが阪神とＤｅＮＡに決まったばかりで、試合の見どころをお伝えしなければならなかった。

阪神のお膝元ということで、自分の経験談も踏まえ、本拠地甲子園で試合をする阪神の有利な点をいくつか紹介した。

甲子園球場の声援はよく「魔物」と呼ばれている。自分もその独得の雰囲気を経験した。

「たった一本のヒットで球場の空気が一変するんです。他球団も応援に熱気があるが、とくに甲子園は凄かった。阪神が負けているときでもヒット１本で盛り上がり、こちらが負けているみたいな……。

スコアボードを見直して、『まだこっちが勝っている、大丈夫だ』と自分に言い聞かせて球場の雰囲気にのまれないように気をつけていた」

阪神ファンの応援は一味違う。

現役時代こんなこともあった。次のイニングの登板に備えて自軍ベンチの前でキャッチボールを始めたときだった。

「番長、見えへんからどいてや〜」

批判なら聞き流せる。「どいてくれ」と言われたのは後にも先にもこれが初めだった。自分の出身校名を出して、「高田商、応援してたんや。今日は頼むから打たせてや〜」と言われたこともあった。

野球にあまり関心のない視聴者に向けてそんな軟らかい話をした。

打ち合わせを経てそういう話題が選択されたのだが、ちょっとした経験が貴重な話題になることを知った。

また、日本シリーズ終了後、クライマックスシリーズ、日本シリーズで好投した今永昇太の話題を司会者から振られた。

今永は前年のクライマックスシリーズ・ファイナルステージで広島打線に釣瓶打ちにされて悔し涙を流している。

「この悔しさを絶対に忘れない」

と1年間思い続けたからこそ２０１７日本シリーズの好投につながった。

53　アスリートたちのトレーニング

２０１７年春、第４回ワールドベースボールクラシック（以下＝ＷＢＣ）が開催された。それに招集された選手たちはペナントレース序盤で不振に陥るなどちょっと苦しんだようだが、改めて思ったのは、「重圧、精神的ストレスは周りが思っている以上だ」ということ。３月上旬から中旬に行われる大会なので、代表選手は通常のシーズンよりも１カ月ほど早く体を作らなければならない。前年の10月まで公式戦が続いている。

ここにオフ期間の海外試合などが重なると、オフを迎えられるのはさらに１カ月先となり、通常、新年１月から自主トレを始めている選手は１カ月前倒しして、12月から練習をしなければならないので、体を休める暇もない。

国内で練習する選手は寒波に悩まされ、暖かい海外で自主トレをするとしても、帰国したときの温度差で体調を崩してしまう危険もある。

ＷＢＣ期間中の緊張感、二次ラウンドの舞台となったアメリカとの時差、激戦を戦ってきて、休む暇もなくペナントレースを迎えるのだから、侍ジャパンの代表選手たちは精神的にも肉体的にもタフな一年になっただろう。

そんななかで、筒香嘉智は別の意味でも強い選手だと思った。彼もペナントレース序盤で不振に陥ったが、すぐに打開出来ると思っていた。大多数のプロ野球解説者が「のちに良い経験をさせてもらったと言えるだろう」と思い、見守っていた。

自分もその一人だが、筒香の不振に関しては楽観的に捉えていた理由は、彼のオフの過ごし方にある。筒香は以前、オフシーズンになると、暖かい南半球のウィンターリーグに参加し、真剣勝負の野球をやったり、とにかく一年を通して野球から離れることなく過ごしてきた。「いったい、いつ休むんだ?」と思うが、彼は本当に野球が好きなんだろう。だから、野球に対する取り組み方も真剣で、これまで積み重ねてきたもの、人の何倍もバットを振ってきた礎があるから、不振は時間が解決してくれるだろうと思っていた。彼なりの悩みはあったと思うが、WBC明けの不振はさらに成長するための試練ともなったはずだ。

筒香以外にも、11月、12月のオフ期間に体を動かしている選手が多くなった。ひと昔前は2月1日のキャンプイン直前まで休んでいる選手もいないわけではなかった。1月中の自主トレ期間もマスコミ取材のある日だけ体を動かして、練習しているフリをしていた選手もいた。

今は1月の第一週目から海外のスポーツジムに行き、本格的に体を鍛える選手も珍しくなくなった。

マジメな選手が増えてきた。近年、選手寿命が伸びてきたのも、オフの間もいろんな練習をする選手が増えてきたからだろう。

マジメな選手が増えたのは、何かのきっかけがあったからではない。少しずつ変わってきたと思っている。新しいトレーニングジムやマシンが出来ると、若い選手は興味を示す。また、メジャーリーグが身近になったことで、「アメリカではこんな練習もやっている」とトレーニングメニューにも幅が増えた。

トレーナーも色々な情報を集めて勉強されていて、トレーナー同士でも情報交換をしている。球団間でも怪我防止の情報を共有しているそうだ。また、今ではインターネットで簡単に検索が出来る。以前は肩を痛めた際、治療法の勉強しようと思ったら、図書館に行ったり、書店で専門書を取り寄せてもらわなければならなかった。自分の学生時代は「練習中は水を飲むな」と指導され、野球選手は肩を冷やしてはいけないと教わった。しかし、今では練習中の適度な水分補強は必須とされ、肩や肘のアイシングもごく当たり前のように施されている。

正しいと思っていたやり方が実は間違っていて、やってはいけないと教わったことが本当は必要なこともある。１６０キロ近いストレートを投げるピッチャーが現れたのは、トレーニングメニューの進化や、発展もあるだろう。

今後もこの分野はもっと進んでいくだろう。これから先、コーチになる者はトレーニングや体のケアについて、かなりの程度の知識を持っていなければ務まらないのかもしれない。専門的な施術はトレーナーに任せるとしても、若い選手たち、それも学生やアマチュアの野球選手が興味を持って勉強しているだけに、自分も積極的に知識を取り入れていきたい。

54 現場に戻る日

自分はプロ野球の世界で育った人間。いずれまた現場に戻ることを夢見ている。しかし、こちらも願っているだけでは叶わない。改めて言う。もう一度ユニフォームを着て優勝したい。1998年に優勝を知り、次に思ったのは「もう一度優勝したい」だった。自分なりの言葉で言うなら、「欲」が出た。それくらい、優勝とは素晴らしいものなのだ。もし叶うとしたら、いや、叶うための努力をしなければならない。そのためにメジャーリーグの施設見学や、異業種の人たちの考え方も勉強して吸収し、また、テレビに出演したり、講演などもさせていただいている。着眼点の鋭さ、自己プロデュース力、相手の心を掴む言葉などももっと磨きたい。

口はばったいことを言わせてもらうなら、「人間は、人間に揉《も》まれて成長していく」ということが実感として分かる。そして、多くの人と知り合い、いい関係を築くには、自分もまた成長しなければならない。そういう意味からも、野球以外での活動は、今後の自分に大きな財産になるだろう。

２０１７年、緊張感のある試合で、ベンチにいる選手も一つのボールを追いかけ、一丸となって戦ったクライマックスシリーズ、日本シリーズでの経験は彼らを確実に成長させたと思っている。

２０１７年12月6日、ＤｅＮＡ球団事務所で契約更改交渉が行われた。新人の濵口遥大は３２５０万円増の来季年俸４７５０万円（推定）でサイン。チームトップの11勝、防御率2・98をマークし、２０１８年の開幕投手の候補の一人、今永昇太は４４００万円増の８４００万円（推定）と倍増以上の昇給を勝ち取った。

桑原将志は倍増以上の年俸８５００万円（推定）。

主砲でキャプテンの筒香は５０００万円増の年俸3億５０００万円（推定）で更改した。打率２８４、28本塁打、94打点をマークしたが本人は現状に満足していない。

「納得も満足もしていない。野球人生が終わるまで、どんないい数字でも満足することはありません」

と答え、２０１８年の抱負については、

「優勝を必ずしたい。リーグ優勝をするために、自分の数字どうこうより勝ちに貢献したい。もっと選手一人一人が勝つための役割を意識すること。そこにフォーカス出来るようにしたい」

ともっと上をめざすチームの躍進を切望した。

他の主力選手も一様に大幅に年俸を勝ち獲って、２０１８年の活躍を誓ってくれた。嬉しいかぎりだ。

２０１８年、今季のベイスターズに願うことは「せっかくの歩みを止めてほしくない」ということである。２０１７年はお客さんもたくさん入り、クライマックスを勝ち上がって日本シリーズまで行き、「日本一」という新たな目標が出来た。

２０１７年に満足している選手は誰もいないはずだ。もっと強くなって「リーグ優勝」、「日本一」という目標に向かってブレることなく突き進み、２０１７年の日本シリーズの悔しさを忘れず闘い続けてほしい。

さあ、これからだ。

踏み出せ。踏み出してみれば、何かが変わる。

優勝という、まだ見ていない素晴らしい景色をめざして――。

【特別対談】

三浦大輔、筒香嘉智に訊く！

「ハマの流儀」

三浦大輔×筒香嘉智

いまの横浜DeNAベイスターズにおいて
キャプテン筒香嘉智が果たす役割はとても大きい。
キャプテンとして2018年は四年目のシーズンを
迎えるわけだが後輩たちから、ベテラン選手までの厚い信頼を得て、
チームを牽引してきた。その功績は大きい。
チームにおけるキャプテンとは、文字通り真のリーダーであり、
チームのために自分は何を成すべきか、
理解して行動しなければならない立場にいる。
リーダーとして必要な素養は、信頼を得る人柄、
野球に対する取り組み、情熱、責任感、
そして何よりも大切なことは、
現状に甘んじることなく、
「変化を怖れない勇気」であろう。

筒香は、そのすべてを備えた男である。
それ故にチームメート、また裏方からも
絶対的に信頼されている男である。
２０１７年を振り返り、シーズン、CS、
さらに日本シリーズを、チームの勝利のために
どう戦ってきたのか、
また、ベイスターズが、次に向かう目標、
そして筒香自身の夢と「横浜愛」などについても
忌憚なく問い、熱く語ってもらった。
もちろんプライベートなど、
ふだんはめったに聞けない私生活なども
胸襟を開いて話してくれた。

「クライマックスは怖くなかった。いつでも逆転出来る自信が」

三浦　シーズンが終わり、CSのファーストステージ、セカンドステージ、そして日本シリーズと、大変な一ヵ月を送って、本当にお疲れ様。でもクライマックスシリーズ、日本シリーズと試合を重ねるごとに、ベイスターズがどんどん勢いづいて強くなっていった印象があった。実際にゴウ（筒香選手の愛称）はどう感じた？

筒香　2016年、チームとして初めてクライマックスに出たものの、優勝と日本一を経験しているのは、三浦さんしかいなかったし、僕らは分からない部分がいっぱいあって、分からないうちに終わってしまいました。それが2017年もクライマックス、日本シリーズを経験して、雰囲気だったり、勝つ喜びというものがだいぶ分かってきました。あとはやっぱり、〝絶対に勝つぞ〟という強い気持ちが今度は強く出たんじゃないかな、と思います。

三浦　そうか、いいねぇ。阪神とのファーストステージは黒星スタートだったが、みんなの顔がとても良かったね。初戦の黒星をマイナスにとってなかった。

筒香　そうなんです。みんなで今年はいけるぞ、と言い合って阪神戦に挑んだんですが、やっぱり甲子園での第二戦のあの雨の試合をやってから大きく変わっていきましたね。

三浦　あの試合は大きかったなと思うね。やっぱり2016年、ファーストステージに初めて出て東京ドームでジャイアンツを破って決めたあの一体感は若い選手にとって今までに経験したことのなかった感覚だったと思う。俺が経験した1998年のベイスターズ日本一の時も、同じようにチームの一体感がはっきりと認識出来るほど固かった。

筒香　2016年のファーストステージを決めたジャイアンツ戦はチームにすごい一体感を生み、上をめざす喜びを共にすることが出来ました。

三浦　あの時は、ベンチだけでなく、スタンドもベンチ裏も、ロッカーもみんなが一球に集中して勝利を掴んだよな。今のみんながあれほど野球に集中しているのを、俺は初めて見たような気がした。それを経験して広島に乗り込んだものの負けて、目の前で胴上げを見て俺も悔しかった。でもチームにとって発奮材料になったと思うし、それを忘れなかったから、今があると思う。

今永も最終戦となった試合で、初回に6点取られ悔しい思いをしたと思う。あの屈辱を忘れなかったから2017年の好成績に結びついたんじゃないのかな。

さっきの話に戻るけど、ファーストステージで初戦阪神に負けて、2戦目のあの土砂降りの中、どうだったの。ロッカーで選手たちはやる気満々だった？

筒香　ハイ、みんなやる気満々でした。条件は相手も一緒ですから。

「あの土砂降りの中、
どうだったの？」

「クライマックスは怖くなかった。いつでも逆転出来る自信がありました」

三浦　次の日は予報ではもっと降ると言われていたから、あの日やらなかったら、あるいは引き分けだったら、これで終わるっていうのは、みんな分かっていたわけでしょう？

筒香　はい、阪神が初戦勝っているので、土砂降りの状態を向こうは絶対に嫌がるし、やりたくないと思っているはずだから、俺たちは逆で行こうという感じになりました。

三浦　そうだよな。あの気持ちの差が絶対に大きかったと思う。だから普通ならやらないグラウンドコンディションのなかで続行した。俺は、もう26年間この世界でプロ野球を見てきたけど、あれだけの悪コンディションのなかで、野球をやっているのは見たことない。でもベイスターズの選手を見てたら、誰一人こんなんでやりたくないよなぁ、というふうに見えなかった。〝やる！　集中して勝つんだ！〟という気持ちがテレビを通して伝わってきた。その気持ちが阪神を押さえ込んだと思う。やっぱり次の日は雨で中止やったしな。

筒香　中止になりましたね。これで選手もリフレッシュ出来ました。

三浦　で、一日空いて次の日に勝って、ファイナルステージの広島へ乗り込んで初戦、今度は逆に雨が広島に味方してコールド負けになったけど、あの後チームはどうやった？　ロッカーでは？

筒香　甲子園球場のあの状態でも野球はやれたんで「これぐらいだったらやれるだろう」とみんなは思っていたようです。それが中止になって……。

三浦　まあ、そうやな。あの甲子園で経験したあとのマツダスタジアムだからね。

筒香　で、みんな言いたいことを言ったりして……。

三浦　イライラしてた？

筒香　これはちょっとヤバイなと思って、試合後みんなに集まってもらってミーティングをしたんです。

三浦　選手を集めて？

筒香　はい、気持ちを切り替えて明日に備えよう。上をめざそうよ、とみんなで意志の確認をしたんです。次の日、みんなの表情を見たら、いい顔をしていて球場入りしたので、このままいけるかな、と自信が持てたんです。

三浦　甲子園では雨に助けられたけど、今度は雨でコールド負けして〝なんでや〟って消化不良になったじゃない。そこでゴウが声をかけて、みんなで話し合ったっていうのは、すごく大きかったと思うよ。あのあとね、一つ勝って、二つ勝って、どんどん勢いがついていって、試合をする度にチームが強くなっていったよな。みんな成長してるなぁ、と感じたよ。クライマックスで決めたとき、ゴウはどんな感じだった？

筒香　もう、本当に途中からみんな人が変わっちゃった（笑）。シーズン中だと広島に3点リードされると、ちょっとこれは厳しい戦いになるなあ、っていうのがあるんですけど、クライマックスでは全然怖くないっていうか、いつでも逆転出来る、という雰囲気がありました。広島に勝って日本シリーズ進出が決まったときは、本当に嬉しかったです。

三浦　そういう気持ちをベンチにいる選手たちが、どれだけ持てるかが大切なんだ。ああ、今日は苦しいなあ、ダメだな、と思うのか、いや、苦しいけどまだチャンスはある、と思う選手が一人でも二人でも増えていかないとチームは強くなっていかない。あの経験でベイスターズにその思いを持つ選手が確実に増えたと思う。

それで日本シリーズは、どうやった？　ここはほとんどの選手が初めてだったと思うけど。

筒香　まあ、僕は思ったより緊張しなかったというか、自分で想像していたよりも普通に準備が出来て試合に入れました。ロペスもジャイアンツで日本シリーズを経験してましたから割とリラックスしていましたが、でも他の選手を見てますと、普段、見たことのない表情をしてたりして……。

三浦　日本シリーズ独得の緊張やな。

筒香　はい、そうだと思います。

三浦　日本シリーズはクライマックスとはまた違う独得の雰囲気があると思うし、ヤフオクドームでポンポンとやられて、みんな固かったと思うしね。それに普段では考えられないミスも出たしな。それで一日移動してハマスタの初戦、あれだけの横浜ファンの前でも勝てず3連敗したあと、ミーティングしたの？

筒香　ミーティングはしました。

三浦　もう後はないって？

筒香　はい、ソフトバンクにリーチをかけられた後のミーティングでみんなと話し合いをしました。〝もう失うものもないし、セ・リーグの代表として来ているんだし、思い切っていつものように明るく一つになってやろうよ〟ということを話して、逆にリーチがかかってから、みんないつも通りに戻ったようでした。

三浦　まあ、開き直れたというかね。それにしても横浜ファンは凄かったね。

筒香　とても温かくて嬉しかったですね。

三浦　このところ年々シーズンに入ってファンの人が増え続けているけど、日本シリーズ独得の雰囲気のなか、あのハマスタで行われた19年ぶりの日本シリーズの熱気は想像をはるかに超えて凄かった。

後が無くなった四戦目の日本シリーズの舞台で初の1勝をして、続いて五戦目も勝って二勝三敗にした勢いを見て、このまま行けるかな、と思った。一日空いて再びの福岡は、ソフトバンクの方は嫌がっているな、という雰囲気があったけど、残念ながら惜敗してしまった。負けてミーティングはしたの？

筒香　しなかったですね。結果的には負けて最後の試合になりましたが、シリーズで最初に福岡に入った時とはまったく違ってみんなリラックスしていましたから、このまま行ける、という思いが、みんなにありました。

三浦　そうだよなあ、俺も勢いがあるなと思って見ていたんだけど、やっぱり細かいミスがあったな。

筒香　そうですね。

三浦　ソフトバンクももちろんミスはあったけど、横浜は〝ここぞ〟というときのミスが後あと響いた。これが勝敗を分けた。

筒香　結局、振り返ればあのミスが痛かった。ああいうことをきっちりやっとかないといけない。ＤｅＮＡの２０１７年秋季キャンプのスローガンである「凡事徹底」の精神を大事にすることを再確認させられた。やっぱり強いチームというのは、そこを徹底してやっている。その思いはみんな強かったです。それでもミスが出たらしょうがないですし、試合中に出来るのはミスを取り返す、全員で取り返すことだけですから、守備もこれ以上点が入らないように色々考えますし、また打つ方でミスを取り返せるようなバッター力を身につけられるよう努力するしかありません。

「ファンのために一歩、二歩踏み出し新しい景色を僕は見たい」筒香

三浦 ミーティングは年上の先輩に遠慮したりする？

筒香 遠慮することも、もちろんありますけど……。

三浦 でも遠慮しない（笑）。ところでゴウはキャプテン何年目だっけ？

筒香 もう三年目が終わりました。

三浦 キャプテンになった時、俺はお前に話したよな。「お前はキャプテンなんだから遠慮せずにやれ！　年上とか気にしないで、好きにやってみろ！」と言ったよな。ゴウはそれで、かなりいろんなことを改善してやったしね。たとえば今まではロッカーは、試合に負けたりすると暗い感じだったが、今はリラックス出来る場所に変わっている。そういうリラックス出来る場所は必要なんだ。ベンチを含め、切り替えをしっかりやって、遠慮なく前へ出て選手を引っ張っていってるよな。

筒香 三浦さんの影響が大きいんですよ。三浦さんはベイスターズの中でも特別な選手で周りからも特別な存在の方だったので、ロッカーにいるだけでみんなの雰囲気が変わるんです。その三浦さんから〝試合で負けても引きずるんじゃなくて切り替えられるような空間を作ろう〟

と言っていただいたので、僕はすごくやりやすかったし、気を遣わずに出来た部分がすごくありました。

音楽一つとっても違うんです。試合前に、よく三浦さんの登場曲を流させてもらいました(笑)。

三浦 お風呂場までガンガン聞えるくらいボリュームアップして。「うるさいよ」と言いながらも、みんな顔が緩んでるし、こういうのが必要だった。今までなかったし、やっぱり時代と共に変わっていっていいと思う。もちろん昔のいいところは伝統として引き継いでいかないといけないけど、今の時代に合ったリラックスは必要なんだし。シーズンは143試合戦うわけだからオン・オフをしっかり持って使い分けをしないと、体も心ももたない。昔に比べてオフシーズンがどんどん少なくなってきていて、本当にゆっくり出来る日ってあまり無くなってきている。そういう意味で選手の職場である横浜スタジアムや、練習場の施設をより快適な環境にしないといけないと思う。横浜はとくに若い選手が多いから、キャプテンの腕にかかっている。ゴウは、みんなのために一生懸命やるし、雰囲気作りもうまいよな。あと選手会と球団とのミーティングは月一回くらい?

筒香 はい、月に一回やっています。僕と選手の代表何人かと、球団の方々にお会いしてお互いの思いを伝えられる場所を作っていただいています。

三浦　その辺の風通しがすごく良くなっているよな。選手代表に選手の意見を吸い上げて球団に持っていって話し合う。球団も要望があれば検討して改善したり、出来ないことは出来ないと理由もしっかり説明してくれる。そういうコミュニケーションがすごく良くなっていっているよな。何年か前からの積み重ねで選手と球団との距離が少しずつなくなってきている。信頼関係が出来たのかな、という感じだ。だからチームが強くなってきていると思う。

筒香　そういう意味で、そういうきっかけを作ってくださった三浦さんの現役時代の行動に感謝しています。ですからキャプテンになってから自分で考えて分からないこととかは、やっぱり最後は三浦さんに相談させていただきました。三浦さんには本当に色々と教えていただき、心強かったというか、助けていただいたことがいっぱいあります。ありがとうございます。

三浦　俺、そんなにアドバイスしたっけ？

筒香　ハイ、三浦さんはどう思われるか知りませんが、僕はこう思うんです。三浦さんは野球のことで困ったら質問がすぐ出来るような雰囲気を出していただいたし、適当なことは絶対に言わずに答えてくださる。ということは、日ごろから選手一人一人を見ていただいているんだな、と気がつきました。あとはやっぱり僕たちが経験したことのないことを三浦さんは経験していますし、その分からない部分というものを的確な言葉でアドバイスしていただく。だからチームの雰囲気も本当に良くなりました。でも、三浦さんが引退されたあとは、なかなか相談が出来ず困ったことが多くあったのですが、その分、自分で考えて解決していかなければならないことが多かったです。

三浦 そうかな、いなくなって楽になったんちゃう？（笑）

筒香 とんでもありません。なってないっすよ。僕にとって三浦さんはスーパーな人です。

三浦 何とも思ってないだろ（笑）。

筒香 思ってますよ（笑）。

三浦 ホンマか？ 俺、いつもゴウにいじられてるけど（笑）。話をまたチームのことに戻すけど、2016年のジャイアンツとのCSの経験は、今のチームにとって絶対にプラスになったと思ったので2017年のチームの予想を、絶対に上に行けると2位とした。結果は3位だったけど、それでも先程、クライマックスの話で言ったように、前の年の経験を生かして戦っているなと感じていた。一年を見てて歯がゆいこともあったし、もったいないな、とか色々思う時もあったけど、でも着実に逞しく成長しているな、と見ていた。「筒香ら後輩たち、しんどいけどよくやってるな」と。もちろんミスもあった。ああ、もったいないと思いながらも、みんなでカバーしながらやってるし、強くなってきてるな、というのが試合を重ねるごとに見えてきた。正直、シリーズ進出のビールかけは羨ましかったね。気持ちええやろなあ、と思いながら見ていた。あの後、マネージャーら何人かから連絡が入って、「三浦さんが言っていた

ビールかけがいいって、優勝がいいっていうのがちょっと分かった気がします」と言ったから「だろ!? いいだろ!! ビールかけは!!」と答えたんだ。ゴウも思っただろう。選手だけじゃなく裏方さんも、監督、コーチも家族もみんなが喜びあえて良かったろ。

筒香 良かったです。現役時代に三浦さんがおっしゃっていた「俺、もう一度優勝を味わいたい。優勝したいから投げ続けているんだ。優勝ってええよ」の気持ちがなんとなく分かった気がしました。日本シリーズに出られて一番の喜びは裏方さんとかが、自分のことのようにすごく嬉しそうにしていたことでした。

三浦 そうだろうな。バッターボックスには一人で立たないといけないけど、そこに立つまでに、球団職員、裏方さんといろんな人のサポートがあったはずだ。身体のケアをしてくれる人がいたり、ユニフォームを洗濯してくれる人もいれば、食堂で料理を作ってくれる人もいる。それが喜びによってすべてが報われるわけだよ。みんなで喜びを分かち合えるっていうのが本当にいいよな。

ところで日本シリーズに負けてどうやった? 悔しかったやろ。

筒香 悔しかったです。セ・リーグの代表として戦い、負けて、目の前でソフトバンクの胴上げを見せられて、リベンジを誓いました。

三浦 あれは見とかなあかん。悔しいからといって眼をそむけるんじゃなくて、悔しさを目に焼き付けて、あともう一歩、あと一歩と踏み出して届かなかった場所をめざさないといけない。その場所を実際に見れたわけだから。ゴウだけでなく選手全員、これで次の目標がおのずと決まっただろう。

筒香 悔しい思いを、オフ、自主トレ、キャンプ、オープン戦、シーズン中、ずーっと持ち続け、チームのため、ベイスターズファンのために一歩も、二歩も、踏み出してみせます。新しい景色を僕は見たい。

「人生って喜びよりも苦しいことや悔しいことのほうが多い」三浦

三浦 ところでゴウは横浜に来て何年になる？

筒香 故郷の和歌山から出て来て11年になります。

三浦 もう11年も横浜に住んでいるのか？

筒香 横浜の街は本当にいいところで、街並みもすごく綺麗ですし大好きです。やっぱり一番に感じるのはファンの方や、街の人がとても温かい。いつどんなときでも応援してくれますし、その一体感が街全体にあります。だから僕たちも勝ってファンの方と喜びを共有したいという気持ちが強く、それが年々強くなってきていますね。

三浦　16歳で横浜に来たわけだけど、地元には智弁和歌山とか強い学校があるのに、なんで横浜だったの？

筒香　僕は横浜高校が好きで、子供のころからずーっと行きたいと思っていました。それで親に相談して決めたんです。

三浦　凄いなあ。中学3年のときに、その決断が出来るというのは。単身、横浜高校に入って、寮生活を過ごし、三年後に地元のベイスターズに入団して今を迎えている。

入団して3年くらい苦労したんだろう？　一軍に定着するまで3年、4年かかった？

筒香　3、4年かかりましたね。打撃を掴んだのは、当時バッティングコーチの大村巌さんのおかげです。オフに秋のキャンプに帯同するか分からなかったときに、結局残留となり悔しかったですね。それで何がなんでも見返したいと、必死になって毎日大村さんに付きっきりで見ていただいたんです。悔しいんだったら、もう結果を出すしかない。そこでやって、それで初めて、これだったらいける、という打撃フォームを見つけました。それが一軍へのきっかけとなりました。ですから大村巌コーチには感謝しています。あの時、大村さんの前へ踏み出すアドバイスがなかったら、今どうなっていたか……。

三浦　俺も25年間プロ野球を経験したけど、悔しい、苦しいことのほうが多かった。喜びって、

少ない。しかしほんの一瞬かもしれないけど、その喜びが、メチャクチャ嬉しかった。人生って、苦しいことや悔しいことの方が多いのかもしれない。その途中に喜びがあるから、人は生きる努力を惜しまないのだろう。苦しい時でも必ずサポートしてくれる人がいてくれる。

キャンプで、松井秀喜が来てくれたじゃない。彼から学んだものは？

筒香　松井さんは憧れの人です。実際にプレーをしているところを見たことはないのですが、小さいころからああいう選手になりたいという思いがありました。キャンプにいらして、オーラがとても凄く、野球に取り組む考え方一つ一つを学ばせていただきました。三浦さんといい、ジャイアンツに行った村田修一さんといい、松井さんも一流選手といえる人は共通なものを持っていらっしゃると感じました。人間的な大きさはもちろん、大事な要素の一つです。それに加え、試合に向けての準備とか練習の姿勢にかける思いが違うんです。なんとしてでも勝つためにそれをやっている。自分に、妥協は絶対許されないんですね。僕はそういうことを近くで見て育った。だから後輩たちのためにも、それを必ず受け継いでいかなければならないという気持ちをずっと継続していくつもりです。

三浦　選手も変わってきたよな。どんどん変わってきて、オフの間でも練習する選手が増えてきた。昔はオフはずーっと遊んで1月に入って自主トレを始めていたような。筒香はオフにウィンターリーグで海外に出ていたよな。２０１５年にドミニカ？

筒香　そうです。ドミニカです。ウィンターリーグに参加しました。1カ月くらいです。

三浦　そういう経験っていうのはすごく大きな財産になると思う。それをまた持ち帰って、若手にああしろとはたぶん筒香は言わないだろうけど、やってきたことを、「あ、こういう練習をしてんだ」って若い後輩とかは絶対見ている。筒香はそれを行動で引っ張っていく。それを見て、若い選手が感じてくれて、「筒香さんがこういうことしてんだから、俺はもっともっとやらなきゃいけない」って思う選手が増えてきているから、チームが強くなってきてると思う。筒香を見ていると、フォームを変えていっているよね。俺も現役時代それをやって新たな可能性を確かめた。筒香はどう？

「僕は変化することへの怖さはまったくない」筒香

筒香　僕はあまり変えることに怖さがないというか、キープするのがあまり嫌なんで、もっともっとうまくなりたいと思いますし、三浦さんもさっきおっしゃってましたけど、やっぱり悔しい思いの方が多いので、それをキープしようとしたらそれ以上は無いって僕の勝手な考えなんですけど、もっともっと、やりたい、うまくなりたいっていう思いがあったんで、そこへの怖さはまったくなかったです。

三浦 ピッチャーであろうが野手であろうがマイナーチェンジは毎年、たぶんどんな選手でもやっていると思う。たぶん他の人が見て、分からない、プロが見て分からないと思うぐらい本人の感覚で少しタイミングを遅らせてみようか、足の高さをもう何センチか上げてみようかとか、バッターにしてもそうやろ？ グリップの位置をちょっと変えるだけでも、本人はすごく変えてるつもりでも、周りは分からない、気づかないことでね。でもそれはもっとよくなりたい、もっと打ちたい、と思う気持ちがあるからだと思う。２０１６年も3割打ったよな？

筒香 打ちました。

三浦 ホームランは？

筒香 44本です。

三浦 で、キャリアハイ？

筒香 はい。

三浦 で、じゃあそのフォームで２０１８年もやろうかって思ってないだろう？

筒香 思ってないです。

三浦 もっと打てるようにっていう。

筒香 はい。

三浦　まだダメだった部分もあるからもう少しこうすればもっとよくなるんじゃないかっていう思いはあるよな。

筒香　はい。

三浦　そんだけ打てればそれでいいじゃないかって普通は思うかもしれないけど、でもやっぱりそこは野球選手として、もっと上をめざしたい想いは強いよな。さて、筒香がめざす次なる目標は？

筒香　今のですか？　もうリーグ優勝です。

三浦　そうやな。リーグ優勝、日本一。これだよな。俺も98年まではずーっとそう思ってやってた。で、達成出来た。じゃあもう満足かってなると、それを経験すると、もう一回やりたいと、なってくるから（笑）。プロ入って一回はビールかけしたい、優勝したいと思ってそれが出来た。ビールかけってこんなにいいものかと、また欲が出て来た。だから目標、夢っていうのは常に出てくる。

たぶん、ゴウが入って入団当初はそんなことあまり考えてなかったやろ？　俺もそうやった。俺はチームのことじゃなくて自分のことしか考えてなかった。一軍に出たい。試合に使ってほしい。ゴウが一軍で活躍してホームラン打ちたいとか。それが、たぶん、キャプテンになってからだいぶ変わった。やっぱり責任感だと思う。最初やりたくなかったと思う。そうやろ？

筒香　はい、嫌で、引き気味でした。でも今は自分だけのことを考えるのにあまり価値が見出だせないというか、チームが勝つためにやるから意味があると思いますし、面白いというか。

三浦　それが自分のためにもなるしね。だからキャプテンになって、すごく成長したなと。気持ちからして変わったし、それと同時に体も技術的なものもどんどん急成長したなっていうのは見える。ゴウにはチームの雰囲気を良くするために好きにやれって言って、ロッカーの環境などを変えた。一歩グラウンドに出ると、そこは勝負の世界だけど、練習前とかロッカーとかで過ごす時間はリラックスしてワイワイ言いながらテレビを見たり、ゲームをやっている選手が増えたし、何より笑顔が増えた。今、卓球台もあるんやろ？

筒香　みんな楽しんでいますね。

三浦　それでいいと思う。それが試合前の気分転換になればいいし、要は、リラックス出来る環境が必要だと思う。メジャー視察したときも、ロッカーとは別にウェイティンググルームみたいな部屋があって、娯楽室みたいなものなんだけど、ここが大いに利用されていた。日本の場合、雨で、一時野球が中断した場合、「気持ちを切らすな。集中力を切らすな」ってベンチに座ったりして待っていることが多いけど、メジャーは、いつ始まるか分からないから、それまでリラックスしていようとする。メンタルの保ち方をすごく大切にしているんだ。

ベイスターズも、今どんどんそういうふうになってきているし、それが魅力あるチーム作り

「僕は変化することへの
怖さはまったくない」

にもつながっている。俺は、今だったら胸を張って「横浜はええやろ、いいチームになっただろ」と言える。良くなったよな。

筒香　本当に良くなりました。もうみんなワイワイやっています。なかでも外国人が一番楽しんでいます。普段、ピッチャーと野手ってあまり接触がないんです。そうなるとどうしても話す機会が少なくなる。でも、卓球台を入れたことによってピッチャーと野手が楽しむようになり、会話が増えて、すごく良くなったんです。

三浦　勝負したりもしてるんだろ？

筒香　一番うまいのはウィーランドです。メチャうまいです。日本人だと野手の石川さんと柴田です。

「ゴウにとってメジャーは？」三浦

三浦　ゴウはオフをどう過ごしている？

筒香　日本シリーズが終わったあと一度休んで一回リセットして、軽めですが11月もずっと練習はしています。僕にはあまり休みが必要という感覚がないです。メジャーの選手もそうですが、僕も自己流で、自分が感じるままにやりましたね。もっと今の自分と差をつけたい、うまくなりたい、活躍するためには、今、何が足りないのかを見極めながら始動します。僕は1月に自主トレスタートするよりも、12月からスタートする方が、差をつけられるし、その方がシーズンにつながってくるので続けてやっているんです。まあ、11月は練習量を少し落してまったく気張らないでやりました。

三浦　変わってきたね。始動がどんどん早くなっている。2017年はWBCで3月から試合があったりしたからしっかり身体を休めないと。緩めるところがあるから、張れるところがあるわけだし、それって、大切やで。

ゴウの話を聞いていると一年中野球漬けだけど、趣味はなんなの？

筒香　趣味っすか？　昼寝ですかね。

三浦　金がかからない趣味だなあ（笑）。

筒香　やってみたいものがあんまり無いんです。ゴルフも年末の納会くらいしか行かないし、ゲームもまったくやらないし、テレビとか映画もあんまり観ないし、ただ部屋でゆっくりしているのが好きです。

三浦　一人の時間って苦にならないの？

筒香　はい、まったくならないです。日本シリーズが終わって福岡から帰ってきて一週間休みをいただいたんですけど、2日間くらいずーっと寝てました。もうアラーム無しで、目覚まし も無しで寝れるのがすごく嬉しかったです。

三浦　でもゴウのことだから、野球の虫がすぐにウズいたんじゃないか？

筒香　僕、4日目からダメでした。3日目が終わって汗をかきたくなったんです。すぐにサウナに行って、その次には無性に身体を動かしたくなって、そしてボールを握りたくなってきたり、バットを持ちたくなってくるんです（笑）。

三浦　2018年、大谷翔平選手がメジャーに行くけど、ゴウにとってメジャーは？

筒香　それは今は考えてないです。今はベイスターズのチームの一員ですし、キャプテンもやらせていただいているんで、そのことよりは、リーグ優勝、日本一になるために全力で考えたいし、全力で貢献したいっていうだけですね。

三浦　たしかにメジャーは身近になったけど日本のレベルは高いよ。過去WBCでも優勝しているし、メジャーに引けを取らない。今はチームに全力で貢献したい、というゴウの気持ち嬉しいね。

筒香　僕はもっともっと上をめざしたいんです。そのためには変化を怖れず野球に向き合いたい。進化するには変化は絶対に必要ですし、そこに飛び込むのにまったく怖さはありませんが 感情だけではいろんなものを判断しないようにはしてます。ちゃんと自分でイメージして、こうなったらこうなる可能性もある、とシミュレーションしながら踏み出す決断をするようにしています。
今は、やっぱり優勝したい。優勝するために自分の力を伸ばし、貢献したいっていうそれだけですね。

「ゴウの座右の銘は？」「永遠番長です」

三浦 2017年日本シリーズを経験したけど、2018年リーグ優勝と、日本一になるために、今の横浜DeNAベイスターズは、何が足らんかった？

筒香 日本シリーズにも出ましたけど、当たり前のことを当たり前にするって本当に難しいことなんですけど、それが確実に当たり前としてしなきゃいけないですし、後はやっぱり今年、勝てる試合を落としてるっていうのがすごいあるので、そこを修正して挑みたいです。

三浦 勝てるゲーム……っていうか勝たないといけない、この試合展開だったら絶対勝たないといけない試合をひっくり返されたりしたもんな。

筒香 ひっくり返されたりとかもありましたし、言い方はちょっと安っぽいですけど、もった

「ゴウの座右の銘は？」

「永遠番長です」

いない試合が多いというか、絶対もっと勝ち星増やせるのになぁって、いうのがありました。

三浦 取りこぼしが多かったのも反省しなければいけない。

筒香 はい。後は全員が当たり前のようにチームのことを考えて、なかなか難しいですけど、もっともっと勝つためにはどうしたらいいのかっていうのが一人一人がもっと強く意識持ってやったら、もっと変わるんじゃないかなあと思います。

三浦 勝つために自分は何をしないといけないかだよな。人それぞれ役割が違うし、じゃあ、俺は、このチームのために何が出来るんだっていうところを考えていかないと。

筒香 はい、そうだと思います。

三浦 それはやっぱり二軍も一軍も全員が持たないといけない。それはもう、選手だけじゃなくスタッフもね、全員が一緒に同じ方向を向かないと。

ゴウは座右の銘とか好きな言葉ってある?

筒香 永遠番長です(笑)。

三浦 なんやそれは(笑)。そうそう、これを聞いときたい。結婚願望は?

筒香 めちゃくちゃあります。結婚はすごいしたいんですけど。今だと、やっぱり、どうしても外食も多くなりますし、家帰って食事など作ってもらっていたら落ち着くと思いますし、それに、子供が出来て家族持ったら活力にもなると思うんで。

三浦　そうか、あるんだ。

筒香　三浦さんの娘さん、いいっすか？（笑）

三浦　うちはＯＫやで（笑）。

筒香　あはは（笑）。

三浦　女房もＯＫ出てるから。三浦家全員ＯＫです（笑）。対談の最後に、俺、ベイスターズのみんなにこんな気持ちを伝えたい。チームとして確実にステップアップして去年の悔しさを今年、晴らしたけれども、また新たな悔しさを経験した。２０１８年はその悔しさをまた晴らしてほしい。毎年毎年たくさんの方が球場に足を運んでいただいて、選手と一緒に戦ってくれて一体感を感じている。２０１８年もより一層、ファンの方も選手も球団もチーム一丸となってシーズンを戦ってほしい。ゴウは？

筒香　これだけのファンの方が球場に入っていただいて、やれるっていうのは本当に幸せなことですし、それはファンの方はもちろんそうですけど、球団の方の努力もあって、選手が本当にいい環境でやらせていただいているので、なんとしてもリーグ優勝して日本一になってファンの方と一緒に喜べるよう恩返ししたいです。あとは三浦さんのようにチームのいいときも悪いときもすべて知っていらっしゃる人の、大事な経験を引き継いでしっかりいいチームになるように頑張ります。

踏み出せば
何かが変わる！
何かが変われば
自分が変わる！
自分が変われば
周りが変わる！

De
DeNA

三浦大輔（みうらだいすけ） profile

1973年奈良県生まれ。183cm、88kg。

高田商業高校卒業後、1991年ドラフト6位で横浜大洋ホエールズ（現横浜DeNAベイスターズ）に入団。

「ハマの番長」と呼ばれ多くのファンに愛され、横浜DeNAの絶対的エースとして活躍。

2016年、25年の現役生活を終えて引退。

プロ通算成績は172勝184敗防御率は3.60。

2017年から横浜DeNAベイスターズの球団スペシャルアドバイザーとして子どもたちへの野球新興、スポーツを通じての地元神奈川県、横浜市の地域振興などに従事、またテレビ、ラジオ、新聞の解説者として活躍。

2019年に投手コーチ、2020年は2軍監督を務め、2020年11月17日、横浜DeNAベイスターズの監督に就任。

2024年日本シリーズにおいて福岡ソフトバンクホークスを破って26年ぶりに日本一に。

協力
エイベックス・マネジメント株式会社
横浜DeNAベイスターズ

編集協力
美山和也
拓人社

撮影
佐藤靖彦　三浦大輔×筒香嘉智対談

進行
久保木侑里

踏み出せば何かが変わる

2018年2月9日　第1刷発行
2024年12月13日　第5刷発行

著者　三浦大輔
編集人・発行人　阿蘇品 蔵
発行所　株式会社青志社

〒107-0052　東京都港区赤坂5-5-9　赤坂スバルビル6階
（編集・営業）
TEL:03-5574-8511　FAX:03-5574-8512
http://www.seishisha.co.jp/

印刷　製本　株式会社太洋社

ISBN 978-4-86590-058-3 C0095